擁抱刺蝟孩子

重啟連結、修復情感、給出力量的關鍵陪伴與對話

陳志恆 著

推薦序

用愛的語言讓大小刺蝟連結在一起

胡嘉琪

讀著志恆的新書，讓我想起多年前自己寫下的一小段隱喻故事的開頭：

在冬天寒冷的夜裡，一隻小刺蝟縮著身子躲在洞穴裡，洞外有著颼颼的風聲，「呼呼～呼呼～」聽起來就好冷的感覺啊，洞穴裡，小刺蝟的身體蜷縮著，雙腿微微地發抖著。

小刺蝟想起在森林另外一邊的大刺蝟，突然好希望自己可以靠大刺蝟近一點，或許就會溫暖一點了。

不過，小刺蝟馬上又想到，如果自己靠大刺蝟太近，一不小心，大刺蝟的刺就會刺傷自己，自己的刺，也會刺傷大刺蝟。這時候，小刺蝟覺得自己的眼睛一熱，眼淚就流了下來。就這樣，一邊哭一邊想念大刺蝟，想著想著，小刺蝟慢慢睡著了。

你也懂那種想要靠近卻又無法做到的感受嗎？怎麼好像華人在家庭中的親密關係，總是這麼糾結與複雜呢？

我猜想，中華文化數千年來一直以家庭爲單位，並不以個人爲單位，於是，人們很自然會「期待」家人親友跟自己「應該」就是一條心。但這樣的一條心過去並不是透過彼此理解尊重贏來的，而是透過上對下的各種有形與無形的掌控而形塑出來的。

「我這麼辛苦，難道你連幫我倒杯水都不會嗎？養你們眞不知道要幹嘛！」

「如果你關心我，難道連我喜歡這個都不知道嗎？這個婚眞是白結了！」

上面這樣火藥味十足的對話，在我們這些五六年級生的成長過程中，很有可能是家常對話。如今，我們這些五六年級生也當上青少年的爸媽，想改變過去的家庭動力，卻面臨著一種不知道該怎麼做的無力感。

現在的我，跟很多受過高等教育又追求自我成長的父母一樣，不一定會直接用上面這樣的句型說話了，但，如果我誠實面對自己的內在，上面這樣的質問句型，卻還是許多負面情緒的背後幽靈，那沒說出口而喃喃自語的怨念迴盪在腦中卻似乎更折磨人啊！到底，要怎麼養育青少年呢？新的方案在哪裡呢？

青少年眞是最具挑戰性的族群。想獨立，卻又還不知道自己的極限在哪裡，捅了簍子，又回家生氣地責怪爸媽。可能上週才大吼：「你們不要再一直幫我，這樣會把我養成媽寶！」過一週，同一個青少年卻又兩眼汪汪看著你說：「媽～這要怎麼辦？」「爸～我肚子餓了～」

如何眞正學會怎麼愛這些青少年？相信志恆的這本新書會爲許多父母帶來思考的方向與實踐的步驟。當大刺蝟開始讀懂青少年內在那複雜又狂亂的感受，或許，有那麼一天，故事會這麼發展著……

想念著大刺蝟的小刺蝟，哭著哭著睡著了。洞外的風聲好像也慢慢變小了。

風聲換成了森林裡的樹木們在微風中的低喃。

原來，樹木溫柔地傳唱著大刺蝟在森林另一邊的祈禱，湖水啊，請給我智慧，讓我讀懂小刺蝟內在的風暴。大地啊，請給我力量，讓我在擁抱會刺痛我的小刺蝟時，別再自動射出身上的刺。蒼天啊，請給我希望，讓我有很多很多的耐心，相信小刺蝟會慢慢長大。

睡夢中的小刺蝟，似乎聽得見森林中群樹傳唱著大刺蝟的祈禱，小刺蝟不再緊縮著，身體也漸漸放鬆休息著。似乎，有那麼些許安心的氣味，飄散在空氣中。

（本文作者爲諮商心理博士、美國執業心理師）

推薦序

說對溝通，就能拿到通往孩子內心的鑰匙

魏瑋志（澤爸）

與志恆老師相識是藉由某次的機緣合作，我擔任親子教養節目的主持人，而志恆老師則是以教養專家的身分出席。自從第一次的合作後，就開始期待製作單位能夠每次都邀請志恆老師來，因爲，志恆老師講的教養，沒有不切實際的空談，也沒有滿是理論的大道理，而是以自己所學的知識，配合上長期與孩子工作的經驗，說出既有原理、深富邏輯又貼近生活的方法與技巧。我都在旁偷學好多招呢！

每次與志恆老師談論到現代親子之間的溝通，特別是青少年時期，我們都滿是擔

憂。因爲溝通，已經成爲了親子關係一個最大的問題。

隨著時代的演進，資訊的爆炸，小學四、五年級的孩子，就已經逐漸浮現出青春期的樣貌。而青春期的孩子正處於「我覺得我可以，但爸媽總認爲我不行」的尷尬時期，於是，衝突很多。甚至，親子雙方的手上，還多了手機的介入，讓雙方已經很嚴重的溝通問題，變得有如墜入深淵。

重點已經不是有沒有機會溝通，更嚴重的是孩子已經不想溝通了。

當孩子的內心話開始不願意跟爸媽說，而爸媽說出來的話，孩子根本不願意聽進去。請問，這樣的家人，有眞正地在溝通嗎？

爸媽的焦慮與孩子的叛逆

我好喜歡志恆老師在這本書中所寫的一段話：「孩子，我是如此地想靠近你，渴望與你無話不談。可是，不知從哪一天起，我越想接近你，你卻閃得遠遠的。」這段話完完整整呈現出爸媽的焦慮。

每個孩子的心中，都渴望與爸媽有著深度連結，期待與爸媽的互動當中，獲得認同感、價值感與歸屬感。然而，孩子越大卻越發現，爸媽認同的我，不是眞的我，而是在大人期許之下的我。孩子更加發現到，不管再怎麼努力，爸媽始終覺得不夠好。於是，一個迷惘的孩子，在爸媽眼中找不到可以被認同的自己，只好往同儕、網路世界去尋找了。

此時，轉身想往外的孩子，卻被一條繩子給拉住了，因爲爸媽不容許自己遠去。遇到這樣的狀況，有的孩子只好妥協，當爸媽眼中的乖孩子。但有的孩子絕不認輸，卻被貼上了叛逆的標籤。

其實，爸爸媽媽也不想這樣的。

走進孩子內心的鑰匙

我走遍臺灣到各地演講時，傾聽爸媽們的擔憂與感受他們的焦慮，發現到身爲爸媽的我們，很愛孩子卻沒有找對方法、想要溝通卻不得其門而入、想要擁抱孩子卻被

他身上的刺給刺傷。

我們都希望孩子能夠成龍成鳳，但是，當孩子的表現不如我們預期時，該用什麼姿態去應對呢？爸媽都希望孩子能夠聽進我們的建議，但是，當孩子擁有自主想法時，又該怎麼去討論呢？我們都希望能貼近孩子，但是，當孩子不想要我們靠近時，又該怎麼辦呢？

志恆老師的這本書，就是我們進入孩子內心的鑰匙。除了對爸媽的角色做出幾個提點之外，還提供了相當多實用的方法，例如，如何做出有情感的陪伴、如何能讓孩子真正感受到我懂你的心意、如何與孩子有著深度連結的對話、如何尊重孩子，還有如何放手。

另外，更令我驚喜的是書中有一個篇章，講到爸媽要如何關照自己、如何善待自己、如何覺察自我情緒，以及如何應對自我情緒。

唯有先接納了自己，才能去學習接納孩子的成長，理解到，孩子生長過程的每一個階段，都會離我們更遠了一大步，然後，隨著每個階段做出最適度的放手。讓孩子體會到，我稍稍地鬆開你的手，不是放棄你，而是我相信你。

雖然彼此的距離拉遠了，但內心依然是緊緊相連。如此，才是眞正的擁抱，才是眞正的愛，也才能與孩子無話不談。

（本文作者爲親職教育講師）

各界推薦

我們往往只看到孩子情緒行爲的表象，卻忽略了當中所意涵的本質。不間斷的親子衝突，拉大了親子疏離的裂縫，讓自己離孩子的內心越來越遠。欣然遇見這本書，將使陷入茫然不知所措的父母，有了全新改寫親子關係的契機。

——王意中心理治療所所長、臨床心理師　王意中

孩子雖來自我，但不屬於我。在陪伴孩子成長的過程中，我也同時檢視了自己的生命歷程。親子可以一起攜手努力，各自創造美麗的人生。互相欣賞、互相支持，以關心代替擔心，眞心祝福彼此的生命。

閱讀初爲人父的志恆新書，透過各種實例和理論，更能體會如何透過有質量的陪

伴重建親子關係，值得大大推薦。

——彰化縣懷抱教育文化協會理事長　王雅玲

過去這一兩年，無憂花學堂舉辦許多志恆老師的專題演講、工作坊與無憂花姐妹成長營，在眾多姐妹的心得回饋中，我們看到姐妹滿滿的受用。

我想大部分的爸爸與媽媽都會認同自己沒有修過「父母學」就直接進入實戰階段，充其量，大概就是複製小時候原生家庭的教養方式。於是，「家庭複製」是這個社會可以觀察到的客觀事實。

時代與科技一直前進，我們的教養方式沒跟上時，往往就會出現親子危機，甚至親子斷裂的悲劇，明明深愛著對方，就是不知如何表達。

志恆老師的《受傷的孩子和壞掉的大人》提醒了我們這些壞掉的大人，要持續學習，千千萬萬不要不自覺地創造了下一個壞掉的大人。

日前，無憂花學堂在高雄舉辦「網路與3C的教養原則」專題演講，看似網路問題，其實是關係問題，發人深省。講座結束前，志恆老師特邀宏志為此書撰文推薦，再次拜讀志恆新作，依然深受啓發。作家侯文詠曾分享人在生命的終點即將到來時，最關心與在意的不是名位，不是財富，而是此生的親友關係圓不圓滿。

圓滿的親情關係是人生大事，怎麼圓滿？此書有深度的觀察與體悟。特此推薦！

——無憂花學堂執行長　江宏志

青春期的孩子猶如活火山，只要一個不對頻的眼神，一句不中聽的話語，就能隨時引爆孩子的壞脾氣。因此，陳志恆《擁抱刺蝟孩子》告訴大人們：話應該好好地說，愛是撫慰受傷孩子心靈的良藥，陪伴能拉近疏離的關係，建立信任的橋梁。原來，只要你用對方法，說出正能量，就能解決所有的親子問題！

——新北市立丹鳳高中圖書館主任　宋怡慧

身為高中老師，長期面對賀爾蒙分泌旺盛的青少年，志恆的書讓我如獲至寶。

這是本了解青少年的必備寶典，第一透過案例了解青少年心理，第二找到作法與青春期孩子共處，第三誤觸地雷知道如何化解，教養有一套。

——2016 TEDxTaipei 講者　余懷瑾

謝謝志恆老師用長期大量陪伴孩子的經驗，精準有策略地提供家長安頓身心的空間，在這本書中看見自己有力量的選擇，陪伴刺蝟孩子用對話重啓新的資源和希望。邀請您一起閱讀，您會看見、心安、在愛裡放心陪伴。眞誠推薦！

——彰化縣原斗國中小教師　林怡辰

有了《擁抱刺蝟孩子》這本書，就像有個全年無休且隨傳隨到的心理師爲你撐腰。志恆在書中會提供引人入勝的故事，以及有效修復關係的態度與策略，協助爸媽「陪伴」自己與孩子，一同走過危險崎嶇的親子衝突。

——高雄市諮商心理師公會理事　林子翔

那些存在於親子間難以對話和交流的時刻、在劍拔弩張或相應不理的關係表象背後，其實有兩個受傷、不解與無助的人等待救援；志恆的分享，正是那股可以帶來改變和希望的力量，指引每一個想好好愛孩子的大人。

——種子心靈事業有限公司負責人　邱瓊慧

親子關係的衝突，往往是因為缺乏對彼此的理解。志恆心理師的專長之一，就是深入親子關係，帶著你去理解自己與對方的感受、需求以及困境，進而改善彼此的互動品質。而他在這一本書裡，將他的專長發揮到淋漓盡致。

——諮商心理師　胡展誥

與孩子對話的時候，我們經常想要付出關心，卻不知不覺傷了彼此的心。有時候只要你在「想做點什麼」之前，先停下來想想「孩子要的是什麼」，那些欲振乏力的關係、不斷閃躲的劇情，就可能有新的出口。

志恆這本書像一把鑰匙，打開孩子的心門，也打開你幽暗的靈魂。

——心理學作家　海苔熊

親子間互動的品質，決定於我們能同理對方的程度，但身為父母，我們常常無意間把對孩子未來的掌控化成當下的壟斷，導致親子間衝突不斷。志恆心理師的大作，從理解出發，溝通為輔，同理為終，值得每位父母咀嚼閱讀。

——好日子心理治療所執行長　陳品皓

本書每一個案例情境都如此熟悉，爸媽隨時都能幻化成主角，然而爸媽不必只陷在同溫層裡舔傷口，跟著志恆老師循序漸進的引導，我們能逐一健檢到親子互動的問題根源，從權力拉扯間找到平衡點，刺蝟孩子終可收起防衛，爸媽也同步提升進化！

——親子作家　彭菊仙

從事教職十多年幾乎每年都兼任導師一職，而十多年來身為國中孩子的班級導師特別能感受那青春期賀爾蒙的效應，當年我在修習國立中山大學教育學程《教育心理學》與《教育哲學》課程時有感觸發，便立志未來要成為孩子們心靈導師的教育職志，一路上能陪伴學生前進，引導對話協助修補親子關係之外，更激勵學生勇敢追尋內在的夢想願景！

過程中常聽到家長們的抱怨與無奈；過程中也聽到孩子們的憤怒與渴望；過程中更聽見彼此內心深處的親情，親師生三方皆能感受那「對話」的眞正力量。

志恆心理師以其心理諮商的專業輔以個案探討方式，一一剖析引導對話修補關係的歷程，更將青春期的賀爾蒙效應比擬成刺蝟的尖刺，當家長意欲擁抱孩子時卻往往被刺得頭昏腦脹，甚至引爆地雷自己也情緒爆炸，炸出親子間的冷戰……

你有發現這些似曾相識的情節嗎？

你知道其實孩子都懂你們對他們的愛嗎？

想改善你與青春期孩子的溝通與對話嗎？

想學習關係對話的關鍵流程與心流思維嗎？

那你們一定不能錯過這一本由志恆心理師用諮商經驗與專業編寫的《擁抱刺蝟孩子：重啓連結、修復情感、給出力量的關鍵陪伴與對話》，透過陪伴與對話，擁抱你家寶貝的尖刺，放下我執，親情和解。

——SUPER 教師　曾明騰

身爲老師，我很常被家長委託傳話：「唉呀！老師，我們說小孩也不聽。你說比較有用啦！」可是，我不能幫你們傳一輩子的話啊！我強烈推薦家長們閱讀《擁抱刺蝟孩子》，志恆以他的諮商專業破解親子問題。當家長懂得接納孩子情緒、認同他的獨立、做溫暖的後盾。你會發現，孩子的刺，其實是柔軟的。

——丹鳳高中教師、作家　歐陽立中

將心理學的教養理念，化爲親近易懂的語言；用平實眞切的案例，闡明核心概念。志恆不但做到了，而且做得極好。這是一本值得爲人父母與教育工作者放在手邊時時玩味的好書，想要尋求自我認識、解開成長枷鎖的人，相信也能從中獲得領悟與成長。

——大休息心理諮商所所長　鍾國誠

Part 1

有風險的陪伴——明明想靠近，卻把你推遠

Part 2

有情感的陪伴——細緻貼近與深度連結

Part 3

有肯定的陪伴——相信，希望就在雲的背後

前言

孩子，爲什麼你不願意和我說話？

「陳老師，請教你，該如何讓我的孩子願意和我說話呢？」

我抬頭看著這位眉頭深鎖、憂心忡忡的母親。她說，孩子長大後就越來越不願意和她談話了。她的孩子已經上大學，但只顧著玩社團，荒廢學業多時，眼看就要畢不了業，母親相當擔心。

「他還願意和他父親說點話，但是，什麼都不跟我講。這樣一來，我就難以知道他在想什麼了。」

我問她，是否知道親子關係如此疏離的原因是什麼？她想了想，告訴我：「會不會是他小時候，我們太忙了，讓他覺得孤單寂寞？還是，他高中時遇到挫敗，然後整個人就變了樣？我也搞不清楚，實在找不到原因。」

通常，親子關係緊張、衝突或疏離的背後，總有錯綜複雜的成因，難以一言以蔽之。我又問：「你們不會一句話都不講吧？那有什麼時候是會開口談話的？」

母親陷入苦思：「很少耶！好像有一次，他跟我說起，他觀察到同學很熱心，會幫忙其他人之類的。總之，都在談別人的事。」

「很好，那麼，當時妳怎麼回應他呢？」

「我就說，你的同學很優秀，所以你也要認眞一點，不要再荒廢學業，到時候畢不了業了……」

呼！一聽完這句話，我大概明白孩子爲什麼不願意和母親談話了。

「與孩子互動」和「要孩子用功」，你選哪一個？

細究他們親子之間的對話模式，常是在某種機會下，孩子說了一些事情，母親接著就開始勸孩子要用功、聽話，也就是一直講道理。我告訴母親：「如果孩子每次與妳互動，都要接受一番訓話或勸誡，他當然不想再接近妳，壓力多大呀！」

「可是，孩子的課業成績一塌糊塗，難道我就都不講嗎？這樣下去也不是辦法吧！」眼前這位母親越說越激動，眼眶泛淚，內心的無助全寫在臉上。

我停頓了一下，用緩慢而低沉的語氣，問道：

「所以，當妳這麼做，請問，妳有得到妳想要的效果了嗎？我是說，孩子就此願意用功，或者，更願意與妳說點話了嗎？」

她深深地嘆了口氣，搖搖頭。

「如果『與孩子重啓對話』和『讓孩子專注於課業』這兩個目標，只能選一個，妳會選哪一個？」

母親又陷入苦思，她問我：「不能兩個都要嗎？」

我說，這兩個目標目前看來是會相互抵觸的，所以只能選一個，要有優先順序。

左右爲難之下，她說：「能夠開始對話吧！」

「好的！那麼，我們試著重來一次。當妳的孩子告訴妳，有關他同學很熱心的事情，妳是否有其他方式回應？或者，就只是好好地聽，先不要講道理。」

母親不解地搖搖頭。我舉了些回應的例子：

「謝謝你告訴我這些，我很喜歡你和我分享生活中的事情。」

「你一定很喜歡你的同學吧！他還有哪些很棒的地方呢？」

「我很好奇，你對於他如此熱心的行爲，有什麼看法呢？」

「哇！我以前也認識一位很熱心的人，跟你的同學有點像……」

母親一邊聽，嘴裡一邊複誦，似乎正努力把這些話記下來。突然，她又抬頭問我：「那麼，我就沒機會告訴他，要好好用功讀書了！」

「對！就先別說那些吧！當下，就只專注地聽孩子好好把話說完整，或者把焦點就放在那件事情上就好。」

「我知道，妳急切地想和孩子好好溝通談話。唯有如此，妳才能把妳想講的，也就是要孩子『別荒廢學業』，傳遞給孩子知道。妳一直設法要改變孩子。只是，妳可能不知道，**所有想改變別人的意圖，終將會招致抵抗**。」

而改變的意圖越強烈，招致的抵抗也越強烈！

越想改變孩子，越是把孩子推開

當一個人越長越大時，會逐漸發展出自己的獨立性，渴望做自己的主人。**當任何的人際互動威脅到個人的獨立性時，為了保有自主權，勢必會做出自我保護的動作，要不是強烈抵抗，就是減少與對方互動，或者，消極配合，陽奉陰違。**

這位母親所有的心思都在煩惱著：「孩子爲什麼不好好念書？」又發現不管怎麼溝通，孩子卻總是不搭理，互動冷淡。於是便期待透過與孩子有著良好的溝通互動，達到說服孩子專心課業的目的。

只是，孩子這麼大了，同樣的話一直講，會有效果早就有效果了。**無效的方式，做再多也是無效。不但無效，副作用常是把孩子推開，彼此的關係只會更疏遠，也大大背離了大人原本的期待。**

當我們在與親人或孩子交談時，總會忍不住想給對方建議與評論，或說起大道理，這往往是對方最不想聽見的。**能不能多創造一些時光，哪怕是片刻也好，就只是好好地把對方的話聽完、聽懂。或者帶著好奇，告訴對方自己想多知道一些。**如果不知道要回應什麼，也可以只說：「謝謝你願意告訴我這些，我很喜歡聽你分享你的事情。」如此就好。

當我們不再總是帶著想改變對方的意圖時，對方才會感到輕鬆自在，就像在和好朋友聊天一般。

其實，這就是「有品質的陪伴」最簡單的方式。

陪伴，從好好聽孩子說話開始

我試著讓她理解：「如果妳覺得，讓孩子願意找妳說話是重要的，那麼，能不能在孩子開口說些什麼時，妳就只是專注地聽，不說教也不批評，讓他完整表達。」

「然後，這樣就結束了嗎？」

「對，結束就結束了。但是他會發現，與媽媽說話的感覺不一樣了，不再充滿壓力。下一次，他就會願意說更多。如果妳仍然保持專注、好奇，不說教也不批評的態度，孩子便會一次又一次，越講越多。因爲，與妳聊天是輕鬆自在的。到了那個時候，妳的建議或分享，才會發揮影響力。」

「那麼，他的課業問題怎麼辦？我就不管了嗎？」

我知道她仍關注這個問題。我告訴她，她可以選擇大膽放手，讓孩子自己去承擔後果。孩子成年了，父母也已善盡勸說的職責了，剩下的，就讓他自己從現實經驗中去學到教訓吧！

事實上，在我的實務經驗中，**孩子遇到困難或者出現偏差行為時，一旦親子關係能夠改善，問題也會減少了大半。而提升親子關係互動的品質，永遠是最重要的事情；前提是，大人需要先放掉試圖改變孩子的念頭。**

然而，如果我們沒有足夠的自我覺察，就難以意識到自己被卡在「要求對方必須照著自己的期待走」的念頭中，更難以做出有效改變。

有品質的陪伴，讓彼此獲得滋養與成長

兩年前，我離開了學校教職，成了一位自由度高的心理工作者。服務的對象從青

少年孩子轉而成為青少年的家長或老師。我一直相信，**孩子的問題不只是孩子的問題，還反映出大人世界的問題；而當大人改變了，孩子就改變了**。

當我做得越多，越會看見好多無助的師長，他們承受的痛苦，沒有最糟，只有更糟。就如上述故事中的那位母親一樣，總是帶著某些執著，看不清自己與孩子互動中的局限，更難以覺察自己需要做出調整與改變，一味地期待孩子有一天能大徹大悟、浪子回頭。

如果堅持舊有的觀念與做法能讓孩子改變，孩子早就改變了。這樣的問題不只發生在親子關係中，在所有的關係型態中，都時有所見。因此，我總是對困在關係中深感痛苦的人們說：「改變自己比較快！」

回到親子關係中，我們都同意，孩子是需要花時間陪伴的。然而，「陪伴」兩個字說起來容易，要做到位卻有很大的學問。**陪伴不只是人待在身旁就可以，總會有些互動與對話，而良好的陪伴，其互動是能讓關係中的彼此都感到滋養與成長，這便是有品質的陪伴**——相處時間的長短往往不是最重要的，關鍵在於每個相處的當下，是否有著高品質的互動。

這本書我寫了好久，是過去幾年來與無數的孩子及其父母師長接觸後，留下的文字反思。維持過去一貫的寫作風格，我盡量以案例故事的方式呈現如何高品質地陪伴孩子，書裡的案例通常由眞實故事經充分改編後撰寫，盡可能保護當事人的身分與隱私。

關於《擁抱刺蝟孩子》這本書

本書共由六個部分組成，分別探討的是：

Part 1 有風險的陪伴：那些無助於提升關係品質，甚至常把孩子越推越遠的無效陪伴方式。有意識地避開教養陷阱，關係品質就能提升。

Part 2 有情感的陪伴：談如何透過同理心連結孩子的情緒感受，細緻地貼近孩子的內心世界，進而拉近彼此的距離。

Part 3 有肯定的陪伴：

談如何透過有效的肯定與賞識，以正向聚焦的回應喚起孩子的內在力量與自我價值感。

Part 4 有成長的陪伴：

當孩子遇到成長中必然遇到的挫敗時，師長可以怎麼做，幫助孩子越挫越勇，而非一蹶不振。

Part 5 有智慧的陪伴：

探討一些陪伴孩子的重要觀念，父母與師長需要站在對的位置上，有智慧地給出孩子成長的力量。

Part 6 有自覺的陪伴：

陪伴孩子成長，也是自我陪伴的過程，投入心思照顧孩子，也別忘了關照自己，因爲，我們給不出自己身上沒有的東西。

翻開《擁抱刺蝟孩子》這本書，你可以從頭開始閱讀，也可以各篇分開閱讀。書裡的內容談的雖然都是親子關係，但**這些陪伴的技巧也可以運用在其他任何關係互動中，如師生關係、伴侶關係、朋友關係、同事關係……等。因為，凡涉及人與人的相處，道理及原則都是相通的，當然也包括了，與自我的關係。**

願你在每一段關係中，都能獲得滋養與成長。

檢測！你與孩子的親子關係健康嗎？

你正爲與孩子的互動相處煩惱不已嗎？許多父母大嘆，現代的孩子打不得、罵不能，到底該怎麼教孩子？

請從以下敘述中，找出符合你**最近一年以來**的描述，測試你在親子關係中的痛苦指數。命中一題得到1分，共有12題（希望你不是滿分）。得分越高，痛苦指數越高——表示親子互動的瓶頸正逐漸把你逼向崩潰邊緣，爲你的親子關係做個健康檢查吧！

□ 1. 爲孩子付出了一切，孩子卻不懂得感恩與珍惜。

□ 2. 越想靠近孩子，孩子似乎躲得越遠。

□ 3. 孩子的情緒起伏不定、反覆無常，不知道如何適切安撫才好。

□ 4. 被孩子陰晴不定的情緒反應給激怒，理智線難以接回去。

□ 5. 每次讚美孩子，孩子都不領情，甚至情緒變得更糟，不知道自己說錯什麼了。

□ 6. 孩子的口中只剩下「不知道」「還好」「隨便」幾個字，眞叫人抓狂。

□ 7. 孩子在課業、人際或生活上遇到困難了，卻不知道該怎麼幫助他才好。

□ 8. 孩子有著某些偏差、極端又怪誕的觀念，不知道該怎麼幫他矯正過來。

□ 9. 常冒出「如果這麼難教，乾脆不要管好了」類似「放棄教養」的念頭。

□ 10. 因爲沒太多時間陪伴孩子而心生罪惡，認爲自己不是個好家長。

□ 11. 總是不自覺地把怒氣發在孩子身上，事後又後悔不已。

□ 12. 整天忙於孩子的事情上，卻沒時間好好照顧自己的身體與心靈。

0~3分

恭喜你，你的親子關係非常有品質，這本書裡有許多溝通技巧，將使你與孩子的對話更深入，帶給孩子面對人生困境的力量。

4～6分

你的親子關係很不錯喔，雖然偶有一些小衝突，但仍維持一定的平衡，書中有許多對自我覺察的提醒，將使你在親子關係中保持更理性的態度。

7～9分

親子關係困擾了你一段時間，卻苦無方法改善對嗎？孩子的叛逆與冷淡只是一種成長的過渡期，在這本書，你可以看到許多相似的對話與情境。請不要放棄，只要善用本書的陪伴及對話練習，很快就能與孩子重啓連結。

10～12分

哇！看來親子關係眞的帶給你很大的痛苦，相信孩子也正面臨這樣的痛苦，原本應該充滿愛的關係演變成冷漠以待，甚至針鋒相對，想必很令人心痛。這本書正是爲了改善這樣的困境而寫的，只要願意跟著本書循序漸進，相信回到過去的融洽指日可待，請盡快開始閱讀吧！給你與孩子一個修復情感的機會。

檢測題目是否讓你點頭如搗蒜？檢測結果是否顯示你的痛苦指數高得嚇人？這份檢測表並不是爲了警告或恐嚇，畢竟只要是關心孩子成長的家長，誰不是日日爲孩子的事情煩惱？

痛苦並非壞事，而是在提醒你，需要透過不斷地反思與學習，找到與孩子相處更適合的方式，包括更新一些觀念，或者改變互動的習慣——這本書就是爲了身陷親子互動煩惱的你所寫的，趕緊繼續讀下去吧！

Part 1

有風險的陪伴

明明想靠近，卻把你推遠

孩子，我是如此地想靠近你，渴望與你無話不談！我多麼期待，我們能如過去一般，零距離的親密互動。可是，不知從哪一天起，我越想接近你，你卻閃得越遠；我越想關心你，就越不得其門而入。到底是什麼阻隔在我們之間？是什麼，讓我們身陷關係的泥淖，彼此都痛苦？

01

好心被雷親！為什麼孩子總是無法理解父母的苦心？

「我的孩子最近課業嚴重落後，又花許多時間在網路上。我們擔心他遇到困難了，努力地與他溝通，但他就是不想聽，也拒絕與我們對話。」

這是家有青少年孩子的家長，常向我訴苦的內容。接著，他們會無力地問：「我們該如何讓孩子明白我們的心意呢？」

大部分的父母對孩子總是全力付出、不求回報，這份愛與用心絕對是無庸置疑的。然而，真心卻常換來絕情。有時候，孩子就是不領情，對父母的努力反唇相譏、冷嘲熱諷，或者頻頻唱反調——這在青少年階段的孩子身上特別容易出現，也傷透父母的心。

為什麼會這樣子呢？

首先，我們得明白，青少年正忙著理解發生在自己身上反覆無常的思緒與行為，很難有多餘的力氣去體會父母的想法或感受。

再來，我們要問，青春期的孩子若真能充分理解父母的心意，是否就會修正自己的行為，成為令父母放心的好寶寶、乖孩子？

孩子其實都懂得，就是無法照著做

我是個長期與青少年工作的心理助人者。在會談室中，常聽到困擾中的青少年這麼說：

「我也知道爸媽很辛苦，但就是受不了他們這麼嘮叨！」

「我也懂得爸媽愛我、在意我，但不知道怎麼了，跟他們說沒幾句話，我就感到很憤怒！」

如果我們認真地去探究青少年的心思，就會發現，這些半大不大的孩子，早就足夠成

熟到理解並體會父母的用心了。只是，怎麼樣也無法照著父母說的做。爲什麼？

因爲，青少年期的特徵，正是逐漸開始重視個人的主控權，亦即渴望對於自己人生方向及生活大小事擁有支配空間。因此，在青少年心底沒說出來的話，常是：

「爸媽說的也沒錯，但聽他們的就輸了！」

「現在照著爸媽想的做，以後不就都要聽他們的了？」

「就算理虧也要死撐著，絕對不能弱掉！」

說穿了，青少年看似酷酷的，一副毫不在乎的模樣，實際上比大人還重面子，更在意他人對自己的評價。

陷入親子關係主控權的爭奪戰

我們不難發現，青少年與父母之間的對立或衝突，就是一場又一場關係中主控權的爭奪戰——**誰都想說服誰，誰也不想讓誰！**

大人要孩子接受的觀念，大部分都沒有錯。只是，**一旦父母設法對青少年孩子傳遞**

（或灌輸）這些見解，對青少年而言，就是一種被「強迫推銷」的感覺。青少年立刻感覺到，這段關係中的主控權不在自己身上，連帶著人生的自主權也受到威脅了。

然而，越是這樣，父母越是不解，為什麼孩子就是不能體會父母的用心，就是不願意接受父母善意的勸說？因此，便耗費越多的力氣與孩子「溝通」，設法說服孩子「聽話」。

下場是，父母越用力表達，孩子則越用力抵抗。

孩子內心深處那矛盾拉扯的風暴

特別是那些正面臨困境中的青少年，他們意識到自己有麻煩，也討厭自己反覆出現的問題行為，也苦惱著怎麼幫助自己脫困。然而，在面對父母時，他們又得表現出一副毫不在乎、無所謂或者故意唱反調的模樣，讓你拿他沒輒，最後精疲力竭，乾脆放棄不管了！

其實，無法做到父母所期待的事情，孩子的內心也是相當沮喪、無力的。他們能理解父母的用心良苦，但又拉不下臉去配合；意識到自己正在違逆父母，又讓他們深感愧疚，更不知道該如何回應父母了。

不論是粗魯無理的積極對抗，或者陽奉陰違的消極配合，都是青少年在展現、捍衛或保護自己在關係中的主控權。**掌有權力，就會感受到力量，這是青少年證明自己已經長大、足以獨當一面的途徑。**

每個人都是在這樣的過程中，逐漸建立起自我價值感。我常說，所謂自我價值的高低，是一種內心是否有力量的狀態。掌握到權力，便會讓人感受到力量，顯示自己是重要的。

放棄必須說服孩子的執著，認清真正重要的是什麼

有智慧的父母，要小心別陷入與孩子的主控權爭奪戰中。只要是戰爭，不論誰輸誰贏，最後的下場都是兩敗俱傷的。那該怎麼辦呢？在這裡先提供幾個原則性的做法，在之後的章節也會有更細緻的探討。

❶不要試圖透過孩子的改變來證明自己有多用心

父母也是人，也需要被認同、被肯定，不希望「用心良苦卻成空」。但是，千萬別從孩子那裡尋求認同或肯定，這樣是在要求孩子照顧我們的人生，並非眞正為了孩子好。

❷別再執著於一定要孩子理解大人的心意

讓孩子理解大人的苦心，並不代表孩子就會願意改變。事實上，孩子其實都懂，只是不能承認或贊同，否則他們就「弱」掉了。過度執著在這一點，就會陷入與孩子之間的主控權爭奪戰。靜下心想一想，比說服孩子更重要的事情是什麼？

❸與孩子保持一點點「安全距離」

不是不能關心，但不要太過頻繁；可以偶爾問候，但不要一直找孩子「溝通」。因為孩子自己可能也很混亂，說不出個所以然，面對難以回答的問題，只會讓他們更加焦躁不安。更何況就算知道自己怎麼了，大多數孩子也會硬撐著不說，免得又「弱」掉了。

❹ 同理孩子的處境，用「陪伴」取代「提供建議」

對青少年孩子而言，「確保自己是有能耐的」是件重要的事，大人的每一句建議，都凸顯出自己的不足與無能，當然不能接受。然而，我們可以常常告訴孩子：「我知道你現在也很苦惱。」「我感覺到你也很期待自己能夠快樂一點。」「我觀察到你好像蠻無力的。」類似這種「同理心的回應」，正是能與孩子保持關係連結，同時溫和地讓孩子感受到被支持的力量。

❺ 正向聚焦與正向回應

做父母的要時時提醒自己，目光別一直放在孩子的「問題」上，而是去觀察，孩子有沒有什麼時候是做得不錯的？例如，上網時間沒那麼多、主動完成作業、心平氣和地與父母談話……等。當他出現這些好的行爲時，立刻告訴他：「我看到你……

（具體行為），我很喜歡你這麼做。」

❻ 讓自己好過一點

沒有人喜歡與時常處在焦慮中的人相處，何況，父母的過度緊張，無助於孩子改善自己的問題行為。反過來，父母先把自己的情緒狀態照顧好，保持輕鬆與自在，親子關係才會越好，孩子也將越有力量去面對自己的人生課題。

心理師的悄悄話

有智慧的父母，要小心別陷入與孩子的主控權爭奪戰中。只要是戰爭，不論誰輸誰贏，最後的下場都是兩敗俱傷的。

02

在親子互動中，你老是擺錯重點嗎？

「你是我兒子，連碰你一下都不行嗎？」

有一次去看展覽，正在排隊進場時，聽到後面有一家人的對話。一對父母帶著兩個青少年期的孩子，一男一女，也正等著排隊進場。

母親伸手想摸男孩的頭，男孩躲開了，並且擺著臭臉，拉不下臉的母親對著男孩說：「你這個小孩怎麼這樣，碰一下都不行？」

「我是你媽媽，難道不能碰你嗎？」母親想接近男孩，男孩繼續往後退，臉上顯得更加不悅。「做媽媽的都不能摸一下自己的小孩嗎？」母親轉而問一旁的女兒。女孩不知道怎麼回答，母親繼續問：「不行嗎？不行嗎？」音量越來越大。

「媽！別講了，大家都在看妳啦！」女孩感到很尷尬，男孩乾脆離得遠遠的。

「有什麼好尷尬的，你們是我的孩子，我本來就可以碰你們。你哥哥是怎麼回事，長大了，叛逆了，連讓媽媽碰一下都不行？」母親連珠砲似地抱怨著。

父親站在一旁，無奈地板著臉孔，全家人一同看展的雅興想必都搞砸了。

我在一旁聽著，很想回頭告訴這位母親，孩子不想讓你碰，就別碰他。這就是青少年，他有他的主見了！

青少年有著不容被侵犯的領土

許多家長都有這樣的經驗：孩子逐漸進入青春期，那個原本愛撒嬌，隨時可以與你摟摟抱抱的可愛天使，轉瞬間，在身體外圍築起了一道牆，你碰不得也接近不了，否則就會換來一場暴怒或不耐的回應。

除了身體，孩子也開始有了自己的領土，不得跨越雷池一步。孩子不再輕易讓你進入他的房間，不喜歡你隨意動他的東西，抽屜開始上鎖，房門隨時是關著的。沒經

過他同意動了他的東西，免不了會被大聲咆哮一番。

你很納悶，這孩子怎麼變了？別太驚訝！**這就是青春期孩子典型的模樣，這是他們由依賴邁向獨立的必經過程，他們希望對自己有關的任何事物，擁有絕對的主控權。**

放棄「我是你父母，所以我可以……」的念頭吧！

你很不解：「孩子是我生的，為何我不能碰他一下？」當然可以，如果他願意的話。但孩子若閃躲或拒絕，請放棄這份堅持吧！你會比較自在。**他是你的孩子，你當然有絕對的權力去保護與管教他；然而，他不是你的財產，有自己的意志與尊嚴，你得開始學習尊重他。**

許多家長懷著「我是父母，我要怎樣對待孩子是我的權力」的念頭。於是理所當然地隨意進出孩子的房間、隨意翻動孩子的書本作業，甚至任意拆開孩子的信件。他們認為這很正常，這是身為父母的權力，孩子不需要也不應該有意見。

當父母抱持這份信念對待青少年孩子時，便會更理所當然地認為：「孩子人生的

大小決定都需要與我商量過，甚至聽命於我。」

孩子拚了命也得捍衛自己的人生主導權

換個立場，孩子又是怎麼想的呢？

孩子長大了，想證明自己的能力，想自己做決定，包括身體要如何開放，他都自有盤算。孩子也知道給父母碰一下沒關係，但就是不喜歡。**不是不喜歡被父母碰到，而是不喜歡父母的態度——那副「凡事我都得聽你」的樣子**。

孩子想著，如果我連身體要不要讓人碰觸的決定權都沒有，那麼接下來，我的休閒娛樂、交友選擇、花錢方式、升學選校，一直到後來的就業、擇偶與婚嫁，是否都沒有自己決定的空間了？

所以，再怎麼樣，青春期的孩子們都得捍衛這些看似微不足道的小事呀！

每一個叛逆行爲之前，必有一個控制的意圖

孩子有著強烈的「我想自己決定自己人生」的期待，父母則有著「我是你父母，我有權力干涉你的事」的信念，兩種想法碰在一起，肯定劍拔弩張、天下大亂！

青春期的孩子渴望自己作主，許多看似叛逆的行徑，事實上是感受到自己正受到控制。當孩子出現叛逆的行為時，父母得停下來反思，自己是否正無意識地發出意圖控制的訊息，而這樣做真的有效果嗎？

所以，你可以告訴孩子：

「我很想像你小時候那般，隨時摸摸你、碰碰你，感覺很親密。同時，我也知道你長大了，有自己的想法，因此，我也會尊重你。當然，如果你想撒個嬌，與我擁抱一下，我會很開心地歡迎你。」

或許有一天，你會很驚訝地發現，孩子開始重新與你有了肢體上的接觸，因爲青春期酷酷的外表下，往往藏著一顆柔軟的心。

嘗試有效的方式，總是比堅持是非對錯還重要，你要的不就是與孩子之間親密的互動嗎？

別爲小事錯失了親子之間眞正重要的事情

做家長的要能體認，孩子那些看似無理的抵抗並沒有錯，只是做法激烈了點，因爲他們大腦的發育還不足以幫助他們，用比較溫和理性的方式去與人互動，我們也曾經是這樣走過來的。**然而，身為父母，若忙著透過極力控制孩子的言行以凸顯自己身為父母的尊嚴時，恐怕會錯失很多親子之間真正重要的事情。**

例如，孩子不再願意與你一同出遊，不再願意與你分享生活中的喜怒哀樂，不再找你商量討論任何決定，甚至拒絕你參與他人生中重要的時刻，像是畢業典禮。

心理師的悄悄話

身為父母，若忙著透過極力控制孩子的言行以凸顯自己身為父母的尊嚴時，恐怕會錯失很多親子之間真正重要的事情。不如調整想法，改變方式，思考如何與孩子保持信任與和諧的互動關係。

與其常在「我是你父母，爲什麼不能碰你一下？」這類小事上計較，弄得兩敗俱傷，**不如調整想法，改變方式，思考如何與孩子保持信任與和諧的互動關係。如此，你才能在孩子人生中的重要時刻，適時發揮影響力，盡到父母的責任，這才是真正重要的事情呢！**

03

脫口而出的質問式語言，是關係中的隱形殺手

也許你不知道，日常生活中時常使用的說話方式，有時候是破壞關係品質的殺手，特別是在越親近的人之間，如親子及伴侶。

有位母親剛在廚房裡忙完，走到客廳的沙發上休息片刻，才坐下來，見一旁念國中的兒子正目不轉睛地看著電視。她向兒子開口說道：

「孩子，你怎麼不去幫我倒杯水呢？」

孩子應了聲：「噢！」便離開座位倒了杯水遞給媽媽，臉上的表情不是很愉悅。

母親心想，我整個早上忙進忙出，你在那邊翹二郎腿看電視，請你倒個水還要擺臭臉給我看，於是忍不住念了孩子：

「你怎麼都不能體諒一下媽媽的辛苦呢？」

「好啦！我知道了啦！」孩子不耐煩地回應。母親聽了更不開心：「你的口氣就不能好一點嗎？我是你媽，不是你家傭人，好嗎？」

「好啦！我說我知道了嘛！我沒有那個意思啦！」

這是一段令母子雙方都感到洩氣的親子互動場景，但卻是經常在每個家中上演的熟悉戲碼。不過就是媽媽請兒子倒杯水，問題出在哪裡呢？

帶有否定意味的質問式句型

我們不難發現，這位母親對孩子說出的話語中，有一些共同的模式，裡頭常是「怎麼沒有……？」「為什麼不……？」「怎麼不會……？」「難道不能……？」的句型結構。

這是一種典型的「質問式」句型，語句中帶有否定的字眼，並以問號做爲結束。常見的包括：

「離開時怎麼都不關門？」

「你為什麼沒有順道幫我帶點東西？」

「你怎麼沒有找我一起去？」

「你難道不能體諒我一下嗎？」

「你怎麼沒有先跟我說一聲？」

大多數的人聽到這樣的話語，心裡都是不舒服的。因為其中帶有濃厚的指責與否定意味，不是指出了我們沒有做到的事情，就是貶抑了我們的人格與形象。

言者無心，聽者有意。說話的人不一定有意要指責或否定對方，通常只是在傳遞一份請求。像是前述例子中母親對孩子說：「你怎麼不去幫我倒杯水呢？」**真正想傳達的，是請孩子幫忙倒杯水，希望孩子展現體貼，而不是真的想知道孩子不去倒水的原因。**

只是，聽在孩子的耳裡，他感受到的是被母親責難：「我不夠體貼，我不是個乖孩子！」自然會產生防衛心態。

如果孩子直覺地回應：「妳又沒說妳渴了，我怎麼會知道？」接下來免不了的就是更加針鋒相對的對話了。

如果換個說法，直接表達自己的期待，或許就能避免關係緊張甚至衝突。例如：「孩子，我好累，有點渴了。請你幫我倒杯水，好嗎？」這便是直接請求，兒子應該會很樂意爲母親效勞的。

認眞解釋了，你又不想聽！

當我們說出質問式的語言時，表面上似乎是要對方解釋沒做到某事的原因，但事實上，我們一點都不想知道爲什麼。**我們眞正在意的是對方沒有做到期待中的事情，希望他能夠做到。而當對方想方設法努力解釋時，卻發現我們根本不在意、不想聽，這往往會令對方感到十分惱怒！**

有個孩子某天比平常晚了點到家，父親劈頭就問：「你怎麼不早點回家呢？」

「我也想呀！但是今天放學比較晚，錯過了平常那班公車，等下一班花了很多時間，路上又堵車，所以才會比平常晚。」孩子認眞解釋道。

「那你怎麼不先打個電話回家呢？你難道不知道我們很擔心嗎？」父親接著問。

「我也想呀！不過我的手機剛好沒有電了。」

「你怎麼不保留點手機電力用在緊急時刻，你難道不知道這樣很危險嗎？」

此刻，孩子終於發現父親表面上是在問自己晚回家、沒先打電話的原因，但事實上根本不在意自己的回答，從頭到尾只感覺到被指責而已，似乎自己的所作所爲都很愚蠢。

如果不在乎原因，又何必問呢？

質問式語言總會戳中對方最在意的自我價值感

質問式的語言在關係中最大的破壞力，其實是傳達出對對方能力的不信任。

我們很容易將對方的質問式語言解釋成：「你根本就不相信我能做得到！」「你就是質疑我的能力呀！」「你一定覺得我欠缺這方面的能力吧！」於是我們回應對方的語氣也不會太好。

如果，我們本來就擔心自己的能力不足，不相信自己可以做得到；如果，這是一直以來我們極力隱藏，不想被知道，不想被看透的部分，一旦被揭露，情何以堪？

於是，使用質問式語言，一個不小心就會掀開對方自卑之處。在防衛心理驅使下，對方要不是不想接續這個話題，不然就是使用更強烈的攻擊性字眼回應，這場對話鐵定不歡而散。

每個人都希望受到尊重、被他人喜愛；沒有人天生喜歡在別人眼中有著惡劣的形象。然而，**質問式語言卻容易傳遞出一種貶抑與負面評價，因而戳中人們最在意的自我價值感**。

想想自己的起心動念，直接提出請求

我們活在關係中，也活在他人眼中。雖然不需要過分在意他人的觀感，但也不能對別人的評價絲毫不予理會，「做自己」與「我行我素」之間經常只有一線之隔。

相對地，我們也必須體會他人在意被如何評價的心情。特別是我們的家人，包括另一半與孩子，因爲，家人之間總是最渴望能被對方認同與肯定的。

在口中的話語脫口而出之前，請先想想自己的起心動念是什麼吧！如果，你只是希望對方做出某些行為，請直接提出請求吧！「請你下次早點回來。」「請你記得來找我前先跟我聯絡。」「請你順道幫我買樣東西。」……

如果，你確實想知道對方沒做到的原因，也直接開口詢問吧！「我看到你今天的心情不太好，可以告訴我發生什麼事嗎？」「你的成績最近有點退步了，可以告訴我原因嗎？」「兩個會議的時間撞期了，我想知道當時是如何協調的。」……當然，在知道原因之後，你也得與對方討論解決方案，而不只是數落或責難。

明確傳遞內在意圖、少用質問式語言，就能讓關係更親近，陪伴更有品質。

心理師的悄悄話

質問式語言容易傳遞出一種貶抑與負面評價，因而戳中人們最在意的自我價值感。因此，在口中的話語脫口而出之前，請先想想自己的起心動念是什麼吧！

04

擁有「拒絕拿孩子做比較」的勇氣

「每次遇到家族聚會，我總是很抗拒，可以不去我就不去！」

眼前這孩子有點生氣地說：「他們總愛拿我跟其他同年齡的兄弟姊妹做比較，弄到大家都很尷尬，真的很煩！」

「可是，我更討厭的是，我也會不由自主地拿自己跟別人比較。」

我們都討厭被比較，但卻又愛跟別人比較。我們似乎希望透過比較證明自己，卻常常因為比不過別人而自責懊惱。

其實，早在我們強迫性地拿自己跟別人做比較之前，已在兒時非自願地被拿來與其他同齡孩子做比較了。

永遠有比不完的目標，永遠有比不過的人

有許多家長，表面上告訴孩子不重視課業表現或成就，但一到親族聚會，就開始詢問其他家孩子的成績表現：數學考得如何？有沒有在補習？全民英檢中級考過了嗎？模擬考校排多少？接著會說：

「你好棒喔！不像我們家那個，都沒看到他在念書。我沒有期待他要考多好啦！但至少也不要差人家太多呀！」

聽在孩子心裡，不論比輸或比贏，都不是滋味。

爲什麼要避免拿孩子的成就與別人做比較？**因為不論結果如何，都是在不自覺地灌輸孩子：「你只能藉由贏過別人來證明自己的價值。」**然而，人生而自有其價值，每個人都是獨一無二的，不必凡事和別人一樣，也不必什麼都勝過別人才顯示其價值。

當我們隱約地感覺到，必須與別人比較才能肯定自己存在的價值時，便會無時無刻搜尋著可以比較的標的物，特別是那些被社會大眾價值觀認爲重要，同時我們也很重視的事物。

但這樣會讓生活過得很辛苦，因爲你永遠有比不完的目標，永遠有比不過的人。

贏了這次並不會為你帶來多久的快樂，很快地，你又會為自己找到另一個可以比較的對象。

什麼？孩子也會拿大人做比較！

大人們不知道有沒有想過，你的孩子是否會拿你和別人家的父母做比較？

當然會！

「小明他家每個暑假都出國，五大洲都玩遍了，你們怎麼都不帶我出國？」

「小英有她自己的房間，爲什麼我就只能跟姊姊共用！」

「大華他爸買蘋果手機給他當生日禮物，我也想要換一支手機啦！」

聽了不知道有何滋味？我想，你可能會告訴孩子：「我們家裡的經濟沒人家好，不要羨慕別人。現在好好念書，以後找份好工作，賺了錢還怕不能出國玩、買房子、買手機嗎？」

此刻，如果你的孩子回一句：「那你們以前爲什麼不好好念書？」我想你可能會氣到脖子冒青筋了吧！

只是，孩子說的沒有錯呀！

教養孩子必須遵守一個原則，不希望自己如何被對待，就不要如此對待孩子！成人需要被尊重，孩子也同樣必須被尊重。既然不喜歡被拿來比較，就不要拿孩子的成就表現與別人家的孩子做比較。

拿孩子做比較，並不能證明自己是夠好的父母

許多家長認爲「比較」會幫助孩子看到自己的不足之處，敦促他們努力向上，藉此激勵孩子向上的決心。確實，在比較下，有一些孩子會爲了贏過別人而努力。**然而，孩子們付出努力背後真正的動機是什麼**？**是想為自己的人生奮鬥，還是只為了獲得父母的肯定**？

「一旦我贏過別人，就不會讓父母感到失望。」很多孩子這樣告訴我。

一個人最早的自我認同是來自成長過程中主要照顧者的評價，特別是父母；而一個人的自我價值也有很大部分建立在父母對自己的觀感上。所以，**當我們逐漸長大後，出現強迫性與他人比較的行為，正是「尋求父母肯定」這種渴望的延伸。這樣的心態，便在無意識間複製到下一代身上。**

身爲家長的大人，爲什麼總是要拿孩子來做比較？**或許也在尋求被肯定，期待透過子女優異的表現，證明自己是個優秀的父母，或補償自己過去未被滿足的需求、未能得到的榮耀。**說到底，家長也在渴求能被自己的父母肯定，即使現在一點也不需要了，但那虛幻的渴求卻一直深植在心中。

因此，身爲家長的我們，必須時時刻刻自我覺察：

我們是否正無意識地將自己不希望被對待的方式，複製到子女的身上？同時，我們是否正透過拿孩子做比較，來證明自己是個夠好的父母，或者用來滿足自己過去未能實現的理想與彌補那未竟的遺憾？

對抗愛比較的文化洪流

然而，我們的社會正充斥著「比較文化」。家長們要在這股愛比較的洪流中逆勢操作，實在不容易。

從每次大學學測、指考成績放榜後，報章媒體大篇幅對滿分榜首考生的專訪報導，便可以窺見我們的社會有多麼推崇「見賢思齊、見不賢而內自省」的精神。

然而，透過豎立標竿或楷模讓孩子心生嚮往，萌生「有為者，亦若是」的心態，與藉由一而再、再而三讓孩子看見同齡孩子的優異表現，因而發現自己不足，進而惕勵自己力求上進，兩者是截然不同的。

後者常會在比較的過程中逐漸發現自己根本一無是處，最後鬥志全失。再也不敢大刀闊斧地冒險前進，沒有勇氣面對未來的挑戰，因為害怕失敗，更擔心被人發現自己原來不如人，這樣的結果誰都不樂見。

試著看見孩子的成長

在這個世界上，我們需要比較的對象永遠只有自己。如果，我們能夠今天比昨天更進步一些，明天比今天活得更加快樂自在一點，其實就是一種成就，就該滿足。人生在世即有其獨一無二的價值，都需要被肯定、被重視，又何需總是孰優孰劣地被比較呢？

將心比心，別把自己不喜歡被對待的方式，用在孩子身上；別把自己內心的匱乏與自卑，複製到孩子身上。珍視孩子的獨特價值，我們應該擁有「拒絕拿孩子做比較」的勇氣，這正是對孩子最好的支持。

心理師的悄悄話

教養孩子必須遵守一個原則，不希望自己如何被對待，就不要如此對待孩子！成人需要被尊重，孩子也同樣必須被尊重。既然不喜歡被拿來比較，就不要拿孩子的成就表現與別人家的孩子做比較。

05

孩子最不缺的，就是建議！

常在親子諮詢中，遇到家長這麼問我：「我該怎麼跟孩子說，孩子才會聽？」視狀況不同，我有時候會說：「如果一直說都沒有用，那就先別說了。」

這時，我會收到既驚訝又疑惑的眼神，我便要解釋：「因為，你說出來的話，都是一道又一道的建議，這是孩子最不想聽到的。」

「但是，不給他建議，要跟他說些什麼呢？」

我不禁納悶，難道，除了給建議之外，親子之間就無話可說了嗎？

確實，在我們成長的過程中，大人們總是忍不住要給建議（或是根本沒想過要忍）。於是，當我們長大後，也如出一轍地拚命給孩子建議：「你應該要……」「你

最好是……」「你趕快去……」「你怎麼不……」除此之外，真的「無話可說」了。

如果想要破壞關係，就拚命給建議吧！

你我或許都遇過那種，聊沒三句話，就滔滔不絕地分享自己的高見，同時還要下起指導棋：「我知道，這件事只要這麼做、那麼做，就行了！」聽了頗令人反感。

請記得，給建議常是破壞關係最簡易又快速的方式。**尤其，關係越親近，作用力越強**——親子之間如此，伴侶之間亦然。如果你想破壞與親朋好友的關係，就拚命給對方建議吧！

你一定會想：「我的一片善意，何以換來對方的不理不睬？」眞是「好心被雷親」。然而，事實就是如此，你的滿腔熱情往往只會獲得白眼一枚。如果對方眼球都翻到背後，你還管不住自己的嘴，一講再講，那麼，你已經到達給建議的極致境界——碎碎念。

大多數的情況下，對方需要的根本不是建議

不是在所有的狀況下給別人建議，都會帶來反效果。然而，**大多數時候，當我們不由自主地給出建議時，總是自以為是的**。**若此刻對方需要的，根本不是你的建議**，那麼就算正深陷困境泥淖，也會拒絕任何高明的提議。

「你說的對，可是……」

「我也知道，可是……」

「這我試過了，不過……」

當你提出精闢的見解，想解救對方於水深火熱時，是否常聽到這樣的回應？對方回答得很客氣，內心話其實是：「別再說了，我有這麼蠢嗎？」

這就是貿然給建議的風險——讓對方感覺自己很糟；尤其是，你說的其實對方早就想到了，甚至也都嘗試過了。當你沒有深刻理解到對方的內在感受，便開口當起老師時，對方的心裡可能正嘀咕著：「閉嘴好嗎？你以為你是誰呀！」

這個狀況，在與孩子互動時，同樣適用。

是爲對方好，還是爲自己好？

給建議常是人際互動時，難以避免的壞毛病。這是因為，我們總是需要在對方面前證明自己有著高人一等的優越地位。當你給出建議的那一刻，就已經把自己擺在比對方還要高的位置上了。因爲，能給建議的人，似乎懂得比較多、經驗比較豐富、方法比較高明，同時也意味著，他正站在正確的一方。

相較之下，接收建議的人就被比了下去，有種矮人一截的感覺：「我都已經夠挫敗了，聽了你的建議，正好證明我眞的很糟，我當然不想再說了！」

因此，被句點也只是剛好而已。如果你還搞不清楚狀況，**相同的建議重複給，類似的話語反覆講，最後就成了「碎碎念」了。**

有個朋友告訴我，她老公總是抱怨她愛碎碎念。我看過他們夫妻倆相處，她也確實嘮叨得很厲害。我問她爲什麼，她說：「他就是說不聽呀！要是他願意改，誰想像老媽子般一直念？」

我問：「但妳老公有因此改變嗎？還是，依然故我？」她搖搖頭。我說：「那

麼，無效的方法爲什麼要一直做？」她愣住了，想了半晌告訴我：「這樣做好像會讓我感覺好一點，至少沒那麼糟！」

我們總是很難自我覺察，當我們給出了建議，包括碎碎念，事實上，我們在意的常是自己，而不一定是對方。好爲人師或老愛碎碎念的人，內心的機轉也許是這樣的：**我雖然無法說服對方聽我的，但至少在內心可以感覺到：「我是對的，你是錯的！」當我自以為是地站在「正確」的一方時，我的心理位置便提高了，因此，我的感覺會好一點——即使對方永遠都聽不進去，也一點都不認同。**

這麼看來，我們好像只是在自欺欺人。**當我們無法改變對方，就設法證明自己是對的，對方是錯的，用這種方式自我安慰。看起來是為對方好，事實上是為自己在人際互動的挫敗裡，找個臺階下。**

如何適切地給出建議？

剛剛說了，不是所有的狀況下給別人建議，都會帶來反效果。時機若抓得對，對

方可是會感動到想哭的。不論在任何關係中，想要給他人建議，遵守以下幾個原則就對了：

❶ 對方主動要，你才主動給

換句話說，沒人主動詢問你的高見，請盡量閉上自己想給建議的嘴，儘管有再高明的見解或對策，也是如此。

❷ 在足夠的情感理解後才給

當一個人被深刻理解後，往往才是給出建議的最好時機。因此，請先帶著好奇的心態，好好地傾聽對方的故事，全盤理解事情的脈絡，並深刻地同理對方在那個處境下的情緒感受。**當人們感受到「有人懂我」，情緒被完整地接納時，自然就聽得進別人的觀點了。**

❸ 只給新的選擇，不帶任何評價

最高明的建議，是引導對方找到面對與解決問題時的新選擇。記得，**你的建議應該是純粹分享你的觀點與做法，切勿同時評論或檢討對方原來的做法**：「我不是早就跟你說過了嗎？你就是不聽……」這樣只會招來一頓白眼。

❹ 放下要求對方非得改變的意圖

很多時候，我們對對方的要求，常是一些無關痛癢的小事。**當我們想改變對方時，常常只是想證明自己是對的。越是堅持對方得照著做，越只是凸顯自我的價值與重要性。**在大多數的情境下，請允許對方可以自我決定是否改變，或者，用自己想要的方式改變吧！

很難，對不對！特別是面對孩子，更難。因爲我們是父母是師長，理應永遠是對的，而且「我是爲你好！」**所以，「避免給建議」是需要練習的。下次，當你很想給他**

人建議時，問問自己：

「此刻，對方最需要的，真的是我的建議嗎？」

心理師的悄悄話

大多數時候，當我們不由自主地給出建議時，總是自以為是的。若此刻對方需要的，根本不是你的建議，那麼就算正深陷困境泥淖，也會拒絕任何高明的提議。「避免給建議」是需要練習的。下次，當你很想給他人建議時，問問自己：「此刻，對方最需要的，真的是我的建議嗎？」

06

爲什麼祭出最大誘因，孩子的問題行爲還是毫無改善？

曾有個家長來找我諮詢。他家裡有個小學六年級的孩子，他描述這孩子「天性好動、靜不下來，常不寫作業，準備考試總是很隨性」，還說這孩子「頭腦很不錯，但就是用錯地方，不肯用功讀書」。

他知道我對於孩子的「學習議題」頗有鑽研，特地前來討教，如何幫助他的孩子靜下來，專注一點，好好向學。

我好奇地探問：「那你們怎麼辦呢？」

「我們就一直勸他、一直念他，苦口婆心，但他總是愛理不理，或者口頭上說好，用功個一、兩天就破功，學校老師也感到很頭痛呢！」

「這孩子長越大，越來越不聽話。我們實在是束手無策，我們甚至告訴他：『只要你成績進步，想要什麼我們都買給你！』無奈，他還是依然故我！」

「他想要什麼，你們都願意買給他。哇！這是很豐厚的獎賞呢！」我相當驚訝！同時，我也好奇：「可是，為什麼孩子不買帳？」家長跟我有一樣的疑惑，於是我請家長回家問問孩子。

幾天後家長告訴我，孩子說：「反正你們又不會真的做到！」還說：「而且，我已經有用功了，成績就是沒進步，我也沒辦法啊！」

我問家長，聽了之後的感覺或想法，家長陷入沉思。

「我哪有每次？」告訴我們孩子曾經努力過

我時常遇到一些家長，抱怨孩子的各種問題行爲，包括課業成績低落、不夠專注、沉迷網路、晚睡、賴床、情緒控管不佳、常與人起衝突……等。

家長常說：「他每次都這樣！」核對孩子的說法時，孩子卻告訴我：「我哪有每次？」

「我哪有每次？」這句話是個重要的訊息。它在告訴大人，其實，孩子也曾嘗試過表現出合宜的行為，減少出現不被大人讚許的問題行為，不論是在頻率、次數或者程度上。然而，這些努力所呈現出來的改變由於不夠顯著、不夠完整，難以被大人發現，無法留下深刻印象，或者被大人視爲理所當然。**於是孩子感到挫敗，既然嘗試努力沒有用，不如乾脆放棄。**

一旦孩子在內心深處爲自己下了一個結論：「我不可能做到大人要我做的事情！」他便會放棄所有努力了！

是什麼讓豐厚的獎勵失去了意義？

「我沒有可能……」是讓人內心匱乏無力、行為裹足不前的「局限性信念」之一，這是當一個人在屢遭挫敗之下，為自己貼上的標籤，時時提醒著自己：「事情無法改變，就

此成定局。」

於是，大人即使祭出再優厚的誘因，仍無法促使孩子改善行爲表現。**因為，在「沒有可能做到」的前提下，那些豐厚的獎賞對孩子而言都是無意義的。**

然而，此刻孩子還得表現出一副無關緊要的樣子，對大人提出的獎賞裝作毫不在乎，如此才能合理化自己「做不到」某些行為表現的內在信念。想想，我們不也常在達不到某些目標時告訴自己：「其實這個目標也沒那麼重要，做不到就算了！」藉以保護自我價值嗎？

再加上，若是父母曾經對孩子食言，無法兌現曾經許下的諾言，孩子就更不會把父母擺在眼前的物質獎賞當作一回事了！

眞的無關緊要嗎？

事實上，孩子眞的不在意嗎？

大多數孩子都知道要抵抗誘惑、努力向學，也知道要控制脾氣、和顏悅色，也知道要有早睡早起的習慣；除了知道外，也都曾經嘗試過。**或許是方法不對，也許是不得要領，也可能是遭遇重重困難，總之，結果就是沒能夠表現出大人心目中理想的樣貌，或者無法持續展現合宜行爲直到能夠被大人看見。**

孩子也會感到挫敗，也會因爲做不到而自責不已，也會爲自己的不爭氣而感到生氣。常常，**大人的一句否定或怒罵，便全數推翻了孩子曾經投入的努力；既然付出心血換來的是一頓責備，不如放棄罷了！**

大多數孩子都期待得到大人的讚賞與肯定，特別是他們的父母。**對他們而言，獲得父母肯定等同是愛的連結，這會讓孩子體驗到安全感，知道自己是被愛的，也會讓他們感覺到自己是有價值的。**

事實上，這些心理層面的滿足對孩子而言，比起物質上的獎賞還要有意義得多。而許多家長卻錯用大量的金錢與物質獎賞做爲孩子優異表現的鼓勵，或者用剝奪獎賞做爲懲罰。

不經意地貼上負面標籤

回到眼前這位前來諮詢的家長身上。我說：「孩子很誠實，告訴你們他心底相當眞實的心聲呢！」家長不解地看著我。

「首先，他在告訴你們，他認爲你們只是隨口說說的，就算做到成績進步，你們也不會兌現諾言；再者，也是最重要的，他在告訴你們，他嘗試著努力過了，但從來沒有被看見，他的努力無法反映到成績上，挫敗之下乾脆放棄嘗試。此刻，當然再大的獎賞都無法打動他。」

「曾經努力過了？」家長訝異地說：「可是，他總是擺出一副無關緊要的樣子呀！」我說：「那是在掩飾內心因無能爲力而感到的痛苦呀！」

我對眼前的家長說：「或許，我們該與孩子討論他內心的感受，試著理解孩子無法達到你們期待時可能遭遇到的困難。」

「可是，我們以爲他天生就是好動、隨性、靜不下來……」

「正因爲他好動、隨性，而且一副無關緊要的樣子，我們就忽略了他也是有情緒感受的。而當我們爲孩子貼上『好動』『隨性』與『靜不下來』的標籤，等於暗示孩子就是一個『沒有可能好好用功』的人了。」

孩子放棄學習或低學習動力的背後，常存在著種種「學習創傷」，而透過接觸孩子的情緒感受，讓孩子感覺到被理解，常是撫慰創傷的良藥。

把孩子的行爲表現看得更細緻一點

另外，**我們也得學習把孩子的行為表現看得更細緻一點**，哪怕是多研讀功課幾分鐘、多翻了幾頁書，無論成績如何，都是值得被看見的。**改變，一次一點點就好，若從此刻的狀態走到目標狀態可以分成十步走完，那麼，就別期待孩子一步就要抵達。**

行為表現的改善，是建基在一次又一次的成功經驗上。當家長能夠帶著孩子，認可每一次小小的進步時，自然能夠幫助孩子重獲嘗試付出努力的力量，同時鬆動內心那「我沒有可能……」的局限性信念。

心理師的悄悄話

「我哪有每次？」這句話是個重要的訊息。它在告訴大人，其實，孩子也曾嘗試過表現出合宜的行為，減少出現不被大人讚許的問題行為，不論是在頻率、次數或者程度上。

Part 2

有情感的陪伴

細緻貼近與深度連結

是什麼把人與人連結在一起？是情緒感受。當人們能與彼此分享共同的情感時，心與心的距離最靠近，最能感覺到被理解。大人在陪伴孩子的過程中，最重要的功課，便是學會回應孩子的情緒感受，以同理心的方式對孩子表達關愛與理解；同時，也透過真誠表達情緒感受，豎立起人際界限，教會孩子尊重自己與他人。

07

串起深厚的人際連結，你需要的是不帶分析的同理心

在各種研習場合裡，我致力於推廣同理心回應的技術。因為，同理心在人際關係的建立與維持上，是相當具有力量的對話模式；不管在職場上、夫妻伴侶間、朋友間、銷售場合、談判桌上及助人工作中，無一不適用。

我在諮商與輔導的實務工作中也大量運用同理心技術，特別是對帶有對抗心態的青少年孩子，或者不容易溝通的家長等。同理心運用得宜，總能夠逐漸讓對方打開心門，開啓有深度的對話。

兼具態度與技術的溝通形式

同理心是一種態度，也是一種技術。

以態度而言，是我們身爲人類，對另一個生命擁有感同身受與充分理解的意願，而非冷淡或漠不關心。因此，**在人際關係中展現同理心回應的首要條件是，我們具有這份與另一個人連結的意願，並且帶著真心誠意的態度**。否則，任何再高明精準的同理心回應，都起不了作用。工具本身是死的，唯有人賦予它生命，才能展現活力與功效。

以技術而言，最基本與最簡單的同理心，就是兩個步驟的組合。

第一個步驟為「感同身受」，也就是對對方的處境有深刻地理解並體察對方的感受，就彷彿發生在自己身上一般。我在帶學員操作「感同身受」時，通常會要學員啓動內在感官：

「試著站到對方的位置上，透過他的眼睛看世界，通過他的耳朵聽聲音，以他的身體感覺一切，越多越好。」

同時，將注意力放到自己此刻的內在感受上，特別是身體的感覺，身體的訊號會

爲我們帶來一份情緒訊息，再進一步去辨識這是一種什麼樣的情緒感受。所以，同理心是一種與對方分享相同感受的狀態。

接著，**下一個步驟便是「表達出來」。透過語言，以適當的情緒形容詞，將我們理解到的情緒感受說出來，讓對方知道。**表達時，必須佐以適切的表情、姿態、語調及速度，並能與那份情緒屬性相配合。**「表達出來」的目的是要讓對方感受到被理解，因而能與我們有更多的連結，使得對話能夠更深入、更豐富。**

分析批判一旦出現，情感連結便斷了線

許多人以爲，同理心就是盡可能透過各種線索去猜測對方的情緒感受或內心想法，甚至，去分析對方的處境以及這些情緒感受或想法的成因。

我曾在一次課程後，與一位父親聊起他與孩子日常對話的狀況。

父親說，在上了我的同理心回應課程後，發現自己與孩子交談時也開始大量使用同理心。可是，孩子並沒有想要與他更親近，甚至會露出不悅、想逃的表情，有時候

還會要父親別再說了。究竟是怎麼一回事？

我請父親舉一個生活對話片段來聽聽。父親說，有一次孩子參加英文檢定考試後，回到家，臉色不是很好看。父親關心地問：「怎麼啦？」

孩子沒回答。父親進一步問：「是不是考試沒考好，心情不好？」

孩子點點頭，沮喪地說：「對呀！英聽的部分沒寫好，寫到最後腦中一片空白，我覺得我應該會寫的。」父親回應到：「聽起來好可惜喲！」

對話到這裡一切都還好，父親接著問：「那你怎麼辦呢？」孩子回答：「我只好憑感覺猜，反正後面都聽不懂了，也不知道該怎麼辦。」

父親接著說：「你一定感到很懊惱吧！平時花了這麼多時間準備，臨場考試卻沒有正常發揮。」又說：「其實呀！很多時候，敗就敗在太緊張，心情一慌亂，本來會寫的都變成不會了。不是嗎？會太緊張，就是因爲準備不足，我看你平常練習英文聽力的時間可能不夠，或許要再加強才行……」

說到這裡，孩子已經不想聽了。我喊卡，我好奇地問父親：「你覺得問題出在哪裡？」父親苦思一會兒：「不知道！難道我做錯了嗎？」

孩子站在一旁，我轉頭問孩子，你說呢？孩子低下頭沒回答。

「我看見你很努力要同理你的孩子，這很不容易。」我先讚許這位父親，接著說：「這段對話在前半段都還好，後面孩子越來越聽不進去，是因爲你已經不是在同理，而是在批判、分析與找原因了，甚至還說教與給建議。」

孩子聽了之後，眼睛一亮，連忙抬頭說：「對、對、對！就是這樣，讓人很反感耶！」父親有點尷尬地笑著，低頭思索著我的話。

孩子處在情緒波動的當下，最需要的是情感上的連結。一旦對話的焦點轉移到理性、邏輯、分析與批判等大腦思考模式時，便與孩子斷了連結。

一旦開始分析，便脫離了同理心的本質，表達時也會忘記帶著感情，因爲，此刻你是用大腦的邏輯思考在回應對方，而非心與心的接觸。

同理心的深度走到哪裡，就到那裡

然而，同理心技術眞的完全不涉及理性分析的成分嗎？也不全然是。

更高層次的同理心，通常涉及了對他人處境與情緒的推理程序。也就是說，我們需要透過綜合分析他人究竟發生了什麼事、當下的行為反應，以及此刻對當時事件的情緒反應與想法等線索，更近一步地推論對方行爲背後的動機、意圖或更深層次的情感。

透過深度推論與分析而來的同理心，可以讓對方自身未曾察覺的情感或觀點浮現，往往能讓對方獲得頓悟或豁然開朗的感覺。只是，這種**高層次的同理心回應技術，需要看場合與視狀況而定**。

當對方仍處在強烈的情緒狀態中，或者雙方的關係還不夠具有信任感或安全感，一針見血地回應，常會讓對方感受到心理威脅，因而退避三舍，甚至決定結束話題。

因此，同理心的深度走到哪裡，就到那裡，不要勉強。**當發現對方開始產生心理抗拒時，就尊重對方的接受度，將回應的深度停留在此即可**。別忘了，同理心回應是基於與對方建立深度連結的意願上，對另一個生命的絕對尊重是最重要的前提。

自我同理，開啓與自己的連結

若將「感同身受」與「表達出來」這兩個同理心回應技巧運用在自己身上，會發生什麼事呢？**這便是透過自我同理與自己連結，是情緒管理的第一步。**

我們透過將注意力放到內在，覺察自己此刻的情緒感受，仔細地觀察情緒是如何透過身體感覺傳達訊息給我們的，同時對自己用適切的情緒形容詞，將這份感受表達給自己聽。從這一刻起，我們的情緒就被承接起來了。

同理心並非一般人對話常用的模式，要能發揮它的力量，必須在生活中有意識地勤加練習，並避免上述的誤用情境。透過一次又一次的練習，你將會發現，在每一段在意的關係中，人與人之間的情感連結加深了，話題也變得更加豐富而有深度。

心理師的悄悄話

在人際關係中展現同理心回應的首要條件是，我們具有這份與另一個人連結的意願，並且帶著真心誠意的態度。否則，任何再高明精準的同理心回應，都起不了作用。

08

在對話中持續覺察，在覺察中持續對話

在一次教師研習中，我帶領幾位老師練習同理心的對話與回應練習。我邀請大家以自身的故事做為素材，與夥伴們互相練習如何回應對方的情緒感受。

當身旁的人遇到挫敗時，不論是處於高張激動或低落沮喪的狀態，同理心的回應都能有效地幫助對方穩定下來；而在穩定的身心狀態下，進一步討論「怎麼因應？」或「如何解決問題？」效果會比較好，對方也較能聽進我們的建議。

同理心最簡單的做法，就是對對方的感覺或想法「感同身受」，並且用適切的話語（通常是情緒形容詞）將對方的狀態表達出來。

現場的老師提問：「實務中，當遇到讓我們頭痛的孩子，常是帶著敵意的，他們的語氣或態度通常很差，合作意願也很低，同理心的回應該怎麼做呢？」

現場其他老師紛紛點頭表示同意。

通常，那些配合意願低或對師長帶著敵意抗拒的孩子們，在與師長互動時會以兩種方式呈現，一種是口氣不佳，並帶著火爆的情緒；另一種是消極配合，就是頻頻說：「好、好、好，我知道了！」但實際上仍然「做自己」……

當面對帶著敵意的孩子，你需要的理解與覺察

在與這類孩子互動時，通常要有兩個基本認識：

❶ 任何的抗拒必伴隨著控制而來

當孩子主觀感受到自己受到控制，缺乏自主空間時，便會試圖奪回主導權，不論是怒目相向或消極配合，都是在關係中爭奪主導權的表現。

❷ 態度不佳只是在用力表達

回應態度不佳的孩子，特別是語帶攻擊同時又情緒激動時，**通常是正在「很用力」地表達自己的感覺與想法**。如果，他們認爲大人沒聽見或沒聽懂，便會使出更大的力道，情緒張力更強、口氣更差，直到他們覺得，再怎麼表達都無濟於事時，便放棄與大人互動了。

我現場示範了一段模擬對話，老師們紛紛表示相當不容易。事實上，師長的困境不是不知道如何回應，而是如何不被孩子的話語或態度激怒，讓自己的情緒保持穩定，這需要有足夠的自我覺察才行。

接下來我將呈現一段師生對話，示範如何在情緒感受上回應孩子。請特別注意，若你是這位老師，在每一句對話的當下，你的內心裡會升起哪些情緒與想法？而它們又會如何影響對話的品質與效果？

這段互動的背景是，某位同學在班上與另一位同學發生嚴重的口角衝突，老師利用下課時間找這位學生談話，一方面想要了解孩子怎麼了，另一方面則是希望能幫助孩子改變現狀。

老師：「聽說你剛剛又和同學發生衝突，差點兒大打出手了。現在還很生氣吧？」

學生：「對呀！不然咧？」（臉轉向一側，斜眼看著老師。）

老師：「除了生氣，還有什麼感覺呢？」

學生：「就跟你說生氣了，還一直問！」

老師：「老師問起這件事，好像讓你感到不舒服，是嗎？」

學生：「對呀！不然咧？」

老師：「所以，你不喜歡我一直問。」

學生：「奇怪，那你還問！」

老師：「嗯！謝謝你願意告訴我，你不喜歡被一直追問。甚至，我能感覺到，你有一點生氣？」

學生：「沒有啦！老師，那我可以走了嗎？」

老師：「嗯……你很不想和我談話。」

學生：「對！不想。所以，我可以走了嗎？」

老師：「你當然可以走。你不想跟我談話，我會尊重你。不過，我很謝謝你讓我知道你的想法及感覺。」

學生：「……」

老師：「你不想和我談話，會不會是因爲，你擔心說了也沒用，不但沒能被理解，反倒會被罵，是這樣嗎？」

學生：「……」（沒說話，但微微點頭。）

老師：「所以，你心裡面是有些擔心或害怕的，你覺得老師不會懂你，還會指責你。」

學生：「你就是會呀！而且你都特別針對我……」

老師：「特別針對你，指的是？」

學生：「你怎麼不找另一位同學來問話，是他先惹我的好不好？但你每次都只找我來！」

老師：「我明白了，所以你感覺到不公平，是嗎？甚至有些委屈，因爲明明是對方先惹你的，是嗎？」

學生：「……」（低下頭，眼眶泛淚。）

老師：「嗯……是呀！如果我是你的話，我也會感到很委屈；當老師每次要找我過去時，我也會充滿擔心。更重要的是，我會有種不被信任的感覺，是這樣子的嗎？」

師生對話節錄至此，這位老師的回應幫助學生本來激動的身心狀態漸漸沉澱下來，也願意與老師談起自己的委屈及困境，接下來，才可能與老師一同討論如何面對及解決問題。

具有療效的高品質對話練習

從上述的對話中聽得出來，學生是持續帶著敵意的，時而出現攻擊性話語，時而消極配合；然而，**老師沒有給出任何建議或評價，不講道理也不說教，而是將對話的焦**

點持續放在孩子的情緒感受上，讓孩子能感受到被充分理解。

這樣的對話能夠有效持續，師長勢必要有著強大的自覺能力，並且能夠快速調控自己的狀態。

首先，當學生說出「不然咧？」「還一直問？」「我可以走了嗎？」等具有挑釁意味的話語時，師長的第一直覺反應常是「你這是什麼態度？」「你懂不懂得老師的用心呀？」「我幹嘛浪費時間在你身上呢？」也就是，被學生惡劣的態度給激怒了，於是冒出指責學生的話語，或用更強烈與高張的情緒試圖壓下學生，取回互動的主導權。得到的結果常是，學生更認定了：「看吧！我果然會被罵！」「老師根本不會想理解我！」最後兩敗俱傷，不歡而散。

所以，師長必須清楚意識到自己有著「憤怒」「生氣」或「挫折」等情緒——因為覺得不被尊重，或者身為師長的尊嚴被侵犯了。**在脫口而出一些反擊的話語時，想一想：「什麼才會是有效果的回應？」因而打破慣性的回應方式，繼續在情緒感受上回應對方，讓雙方的互動能夠持續。**

特別是當孩子控訴：「你都特別針對我！」**師長要能忍住想要解釋或澄清的意圖，**

先帶著好奇聽孩子怎麼說，並且繼續回應孩子感覺到「不公平」或「委屈」的情緒感受。

再來，**當學生出現敵意攻擊或抗拒的回應時，師長得願意正向解讀孩子行為背後的意圖，看見孩子正「很用力地想表達自己」，因此師長也需要更用心地聆聽孩子，同時為「願意說出來」表達感謝。**

最後，這段對話的關鍵轉折，出現在老師選擇將談話的焦點，**從一個事件（當事人常與同學發生衝突）轉移到師生此刻的互動關係上，也就是聚焦在「此時此地」（here and now）發生在兩人之間的事情上。**

在助人會談中，對話的焦點若在事件上，稱爲「內容」（content）；若聚焦在此時此地雙方的關係上，則稱爲「歷程」（process）。具有療效的高品質對話，通常會關注「歷程」多過於「內容」。

總結上述，當師長在面對情緒高漲、敵意攻擊、配合度低或消極對抗的孩子時，需要記得與不斷練習的幾件事情：

1. 在情緒感受上給予回應，試圖幫助孩子創造一個「被理解」的情感體驗。

2. 自我覺察當下的情緒狀態，特別是那些不被尊重時的憤怒或挫敗感，並理解這份情緒的來源。
3. 當想要反擊時，停下來思考一下，這段對話的初衷是什麼？一開始設定的目標是什麼？你的反擊是否能帶來有效的結果？什麼才是當下真正有效的回應？
4. 看見並正向解讀孩子行為背後的意圖——孩子正「很用力地想表達自己」。
5. 將對話的焦點從「內容」轉移到「歷程」上，在互動關係上繼續回應孩子的情緒感受。

如何與孩子進行有品質與有效果的對話，是否能安頓好自己的情緒狀態是關鍵，這得仰賴平時在對話中有意識地覺察，同時，帶著覺察持續與孩子互動。

心理師的悄悄話

在脫口而出一些反擊的話語時，想一想：「什麼才會是有效果的回應？」因而打破慣性的回應方式，繼續在情緒感受上回應對方，讓雙方的互動能夠持續。

09

碰觸情緒感受，是通往孩子內心世界的途徑

猜一猜，這世界上用來形容正面情緒和負面情緒的「情緒形容詞」，那一種比較多？還是沒概念嗎？「情緒形容詞」就像是快樂、喜悅、難過、悲傷、焦慮、恐懼、幸福、滿足、興奮……等用來描述情緒狀態的詞彙。

好，時間到！其實你只要拿一支筆，在白紙上盡可能地寫下你所知道的任何情緒形容詞，再數一數、統計一下，便能知曉答案。沒錯，是負向情緒形容詞比較多。

人類天生是悲觀的動物，古今中外的戲劇或文學作品，對於人類負面情緒的描述，總是比正面情緒的描述來得更加細膩。而這些作品之所以能打動人心，重點在於情緒感受的相通與共鳴。因此，情緒感受是連結人與人之間的橋梁，在互動的當下，

一旦觸及了情緒，彼此的內心立即連接了起來。

特別是，在孩子的世界裡，因為尚未完全浸潤於成人世界所崇尚的理性、推理、邏輯、分析等思維框架中，內心世界的情緒感受是自然、自由且活躍的。

我們常見一些不願意與大人溝通的孩子，常讓人覺得無法接近他們的內在世界。然而，孩子們其實正用某一種情緒感受在傳達訊息，可能是憤怒、焦慮、漠然或失望。這也是一種溝通方式，有別於語言文字，只是，大人是否聽見了？是否有能力回應？

拒絕溝通的孩子，到底怎麼了？

曾有一位母親拉著她就讀國一的孩子來找我。

這位母親說，孩子上了國中後，跟國小相比簡直變了一個人。不只是青春期外觀因發育而轉變，脾氣也變得起伏不定，回到家裡要不是悶不吭聲，不然就是勃然大怒。最令母親擔心的是，孩子最近半年迷上網路遊戲，每天都沉浸在網路世界好幾個小時，嚴重影響學業，到學校上課也是睡覺居多。

母親曾來上過我的課，她說：「聽了你的課之後，我知道青少年情緒起伏大是正常的。但他對網路遊戲沉迷成這個樣子，令我很擔心。我也知道，孩子的網路成癮可能是孩子用來應對生活困境的方式，所以我不敢貿然斷他網路，怕造成更嚴重的後果。問題是，我很想和他溝通，但他怎麼樣都不肯說出，到底遇到什麼困難了。」

這位母親的觀念很正確，我不禁稱許她。確實，網路成癮常常是孩子在生活中遭遇困難時，用來因應焦慮或痛苦的一種機制，通常與「關係連結」的斷裂有關。我們應該學習把網路成癮當作一種求救訊息，而非毒蛇猛獸般，欲除之而後快。

「我今天把他帶來一起上你的課，你能不能幫我跟他談談，到底怎麼了？」

面對這種狀況，其實很令人感到困窘。我知道孩子根本沒意願跟我談，是母親的一廂情願，但母親好不容易把孩子帶出門了，這番努力也需要被肯定。

謝謝你願意告訴我……

我轉頭看著這個國一的大男生，他也瞥了我一眼，隨即將視線飄向別處。

「嗨！帥哥，你剛剛坐了整整兩個小時聽演講，是嗎？很不容易喔！」我試著先找些可以肯定他的地方著手。

這孩子沒回應我，繼續將眼睛定在別處。我知道這不是一個容易展開對話的情境，我深呼吸調整一下身心狀態，試著用低沉的語氣說：「是呀！現在有點尷尬，是吧！」停頓了一下，又說：「你被媽媽要求來與我談談，但你根本不想，感覺不是很好吧！」

我又停頓了一下，繼續說：「我猜，你心裡不舒服，是因爲覺得不受尊重，對嗎？」這次語調速度又放得更慢了。孩子稍微把臉轉了過來，看看我，但仍然沒有正眼面對我。

「你沒回答，但你看了我一眼，謝謝你願意給我一些回應。」我專注地看著他，繼續說：「其實，我很好奇，是什麼讓你願意與媽媽一同出門前來聽這場講座，而且從頭聽到尾？一般青少年應該會覺得挺無趣的，不是嗎？」

沉默了片刻，孩子開口了：「就是她一直念、一直念、一直念，煩都煩死了，反正在家也無聊，出來又沒差。」

我接著說：「謝謝你讓我知道這些。那麼，我現在跟你說話，問你問題，你會覺得煩嗎？」

「還好。」這孩子聳聳肩。青少年很常用「還好」一語帶過不知道如何確切形容的狀況，我點點頭，進一步澄清：「『還好』指的是偏向不會很煩，還是偏向很煩呢？」

「不會很煩吧！」孩子停頓了一下，突然冒出一句話：「讓我覺得煩的人不是你啦！主要是我媽。」我鎮定地點點頭，並回頭看了一下他母親，示意她暫時不要回應。

我想知道，你的感覺是什麼？

我說：「我很想知道，媽媽哪裡讓你感覺到煩呢？」

孩子說：「就是一天到晚都在碎碎念，大事、小事都要念。從我上國中之後就很愛管，什麼都要管，功課要管，跟同學出去也要管，眞的很煩！」

我看著這孩子，語氣中帶有憤怒，聲調越來越高，雙手緊握。我繼續用穩定與緩

慢的語氣探問：「你說母親一直念、很愛管，你的感覺是什麼？我的意思是，除了很煩之外，還有什麼感覺？」

孩子停頓了，但看得出臉色更差，似乎有股情緒正在積累中。我說：「覺得很生氣嗎？氣媽媽不願意尊重你？或者，覺得很挫敗，因爲感受不到被媽媽信任？」

孩子說：「不知道。我都這麼大了，她幹嘛還這麼愛管？」

「嗯！你覺得自己長大了……」我重複了一下他的話語，這些字句是關鍵。孩子眼眶泛紅，眼淚慢慢滑落，啜泣了起來，跟一開始漠然的神情完全不同。

「你看起來很難過的樣子，發生了什麼事嗎？」我的身體微向前傾，輕輕地問。

孩子邊哭邊告訴我：「剛上國一時，還沒第一次月考，我有好幾次小考成績都不太好，媽媽就開始很緊張，一天到晚盯著我念書，我想做別的事情都不行。只要一回家，她就一直念、一直念。可是，我眞的有用功啊！但就是考不好嘛！爲什麼這樣就要一直管，出去打球的時間也要被限制，跟朋友講電話也不行，連我說要跟同學一起出去念書，她也認爲會被同學帶壞，不准我出門……可是，我眞的有努力呀！」

我回應道：「當時，你一定感覺很挫敗，因爲，你眞的有用功。」這孩子邊哭，

邊用力地點點頭。孩子繼續說：「而且，我也不知道爲什麼，脾氣變得很暴躁，動不動就對家人生氣。」

「你覺得自己的情緒似乎失控了……」接著，我猜測地說：「後來，你乾脆不跟他們說話了，免得又說出不好聽的話，是嗎？」

孩子說：「嗯……我也不知道自己怎麼了。只好上網去打電動，那能讓我忘記一切。我知道沉迷於網路遊戲不對，可是，我控制不了自己……」

「這樣呀！你肯定會覺得很自責吧！但矛盾的是，你又只能在網路世界中讓自己感覺好過一點。」

孩子的情緒，正在告訴我們一些事

我轉頭望向母親，母親已淚流滿面，點點頭，有點激動地說：「可是，你之前爲什麼不告訴我們？」

「有呀，他的生氣、委屈、挫敗，甚至冷漠……他透過這些情緒反應向你們透露

出許多訊息，只是，你們是否認眞聽進去了？」

說完，我看著這孩子：「謝謝你願意告訴我你的心情與你的困境。我不知道能怎麼立刻幫助到你，但是，我感受到，你有很強的意願想要脫離現狀，不再沉迷於網路。」

孩子點點頭。我繼續說：「給媽媽和自己一點時間好嗎？你看到媽媽也在努力了對吧？你們都很努力，但改變也需要時間。」

這場對話在這裡告了一段落。

我不知道他們回去後發生了什麼事，但我試著與一位素昧平生且沒有

溝通意願的青少年說話，**我做的事情只不過是一直關注他在意的地方，像是，覺得自己長大了、覺得不被信任、認為自己已經盡力了……之類的，並且不斷地回應他的情緒感受，如此而已。**

從頭到尾，如果有講道理或給建議的話，大概是結束前的最後一句話吧！**當一個人被觸及了情緒感受，覺得被充分理解時，一些分析、見解或建議才會在他身上發生效用。**

心理師的悄悄話

孩子們其實正用某一種情緒感受在傳達訊息，可能是憤怒、焦慮、漠然或失望。這也是一種溝通方式，有別於語言文字，只是，大人是否聽見了？是否有能力回應？

10

別再對孩子說：「沒那麼嚴重啦！」情緒教育從正視孩子的情緒開始

最近大家都在談「情緒教育」。我時常到各地分享與情緒相關的主題，許多人問我，情緒教育該怎麼實施？該如何教出孩子的「情緒力」？

我認為，孩子情緒調控的能力，不該是透過制式的教材教法傳授，而是孩子從與周遭大人真實的互動中逐漸學習與培養而來的。

當我們跟孩子說：「當你遇到情緒不好時，第一步怎麼做、第二步怎麼做……」那一點意義也沒有。反而，在與大人的每一次互動中，大人如何對應自己與孩子的情緒反應，深刻影響著孩子的情緒發展以及與自我情緒相處的能力。

當一個人遇到挫敗或困境時，感受並展露出不舒服的情緒是相當自然的，孩子更是如此。當大人觀察到孩子的情緒反應（特別是負面情緒）時，最重要的是，別輕易地「否定」孩子的情緒感受。

別透過否定情緒感受來安慰痛苦中的孩子

試想一個情況，今天孩子放學回家後，板著一張臉，看起來愁容滿面。他告訴你，他被同學排擠了，因爲今天班上分組活動時，沒有同學要跟他一組，而這已經不是第一次發生了。你會怎麼回應孩子呢？此刻，很多大人便會說：

「唉！沒那麼嚴重啦！一定是有什麼誤會在！」

「不過就是沒分到組，有必要難過成這樣嗎？」

「沒事！沒事！同學都不懂事。沒事、沒事了，快去吃飯休息去！」

「不需要爲這種小事難過啦！」

這樣的回應看似在安慰孩子，實則是否定孩子的情緒感受。聽起來很熟悉嗎？因為類

似的話語，我們從小聽到大，現在我們也如出一轍地複製在孩子身上。否定孩子的情緒感受，會透過以下的形式進行著：

❶ 輕忽孩子挫敗經驗的嚴重性

「這沒那麼嚴重，是你想太多了！」

❷ 無視於挫敗經驗的存在，不與孩子多做討論

「好啦！沒事了、沒事了！」

❸ 否定孩子情緒感受的真實性，或不允許孩子有負面情緒

「有必要難過成這樣嗎？」

「擦擦眼淚，不要難過了啦！」

❹ 指責孩子自然流露的情緒反應

「動不動就生氣、心情不好，這樣怎麼行？」

否定情緒的結果是得花更多力氣去對抗情緒

否定情緒感受對孩子造成的影響，便是**孩子內心容易感到錯亂，不知道自己經歷困境時所感受到的情緒是否恰當？如果是不對的，便會要求自己「收起」這些情緒，試圖不去感受這些情緒**。逐漸地，也學會了「忽略」或「不允許」這些情緒感受的存在，最後成了情感麻木或對情緒感受不知不覺的人。

因為出現生氣、沮喪、失望、無力、後悔、自責、內疚等這些負面情緒是「不對」的，於是當這些感受浮現時，便會用盡力氣去對抗它們，試圖驅逐它們，或將它們壓抑至意識察覺不到的地方。**但這些對抗情緒的方式往往會造成更多問題，出現更多惱人的情緒感受，「借酒澆愁愁更愁」這句話就是最好的詮釋**。正所謂「情緒本身不是問題，有問題的是應對情緒的方式」，就是這個意思。

失去與自己或他人溫暖連結的能力

另外，在孩子經歷挫敗或困境而感到傷心難過時，**否定他們的情緒感受會讓孩子感覺到自己的問題不被重視，沒有受到理解與支持**。然而，一個人的情緒傷痛是需要在溫暖關懷的人際連結中被療癒的；**少了這份連結，孩子只能將心底的痛再埋得更深一點，甚至還要責怪自己怎麼可以那麼脆弱，如此容易心情不好，於是，又更加重了內心的挫敗感**。

最後，孩子也難以學到如何安慰自己，更無法長出與自己情緒相處的能力。**在往後的人際關係中，也難以對他人的痛苦遭遇感同身受，甚至當他人表露出負面情緒時，會不知所措地試圖忽略或不允許他人的情緒出現**。於是輕易說出：「沒事了！沒事了！沒那麼嚴重，不需要那麼難過！」

很熟悉嗎？孩子正在複製大人的回應模式。

好了，現在你知道，你爲什麼會不假思索、自動化地否定孩子的情緒感受，因爲，你就是這樣被對待長大的。**當孩子遭遇困境而出現痛苦情緒時，你是不知所措的，於是你很快否定孩子的情緒感受，忽略孩子挫敗經驗的嚴重性——你真正想解決的，不是孩子的痛苦，而是自己的痛苦。**

長期忽略情緒感受將難以捍衛自己的界限

值得一提的是，一個人若無法肯定或正視自己的情緒感受，可能的後遺症便是，**當自己的權益或界限受到他人侵犯時，常常渾然不覺**。有些人一而再、再而三地成爲他人以任何形式侵犯下的受害者，加害者固然可惡，但這些受害者**常常是因為沒有正視與捍衛自己情緒感受的能力，無法在感受到不舒服的當下，便確認自己正在遭受不當對待，無法果決地立即表達自己的不舒服**。

試想，當你被人侵犯或占了便宜，心裡似乎感到哪裡不舒服，但卻懷疑這份感覺的眞實性，習慣性地告訴自己沒有那麼嚴重，當然無法保護自己免於再度受傷。**就算對**

方是在無心之下越了界，也需要有人相當明確地讓他知道自己的情緒感受，他才有機會充分明白，並學習尊重別人的情緒感受。

因此，在性別平等教育中，當我們教導孩子如何避免遭受性侵害或性騷擾時，總是會**引導孩子確認自己的感受，並相信自己感受的真實性**，幫助孩子降低受傷的風險。

說到底，情緒教育就是在培養孩子尊重自己也尊重他人的能力。因爲能正視自己的情緒感受，便能做到不允許別人侵犯自己的界限；同時，也能夠關注他人的情緒，並展現對他人界限尊重的態度。

心理師的悄悄話

否定情緒感受對孩子造成的影響，便是孩子內心容易感到錯亂，不知道自己經歷困境時所感受到的情緒是否恰當？如果是不對的，便會要求自己「收起」這些情緒，試圖不去感受這些情緒。而這種應對情緒的方式，往往會造成更多的問題。

11

「孩子，我好想懂你！」如何面對孩子想說卻說不清楚的矛盾？

「這孩子很幼稚，都快上國中了，問他話也講不清楚，有時候還愛說些反話！」一位母親帶著就讀小學六年級的男孩，在一次課程間的空檔，前來找我諮詢。

看得出來，男孩是被硬拉來的，臉上掛著不悅的神情。我先問母親怎麼了，母親告訴我，本來男孩跟她頗為親近，無話不談；自從上了五年級，就變得越來越不願意開口說話。有些時候，母子之間出現一些爭執，但怎麼問，孩子就是不願意表達自己的想法。

有一次，學校通知家長，男孩在學校偷改考卷上的答案，再向老師要分數。母親對於男孩不誠實的行為感到難以接受，努力克制住怒氣，詢問孩子為什麼這麼做，但男孩就是不說，只是板著一張臉。

「類似的情況越來越多，我真的很想知道，他到底是怎麼想的！」母親無力地說。我給予母親一些同理的回應，並且問：「如果妳可以知道他怎麼想，對妳有什麼幫助？」

「我想，我會比較安心。至少，心裡有個方向，知道該怎麼做。」我點點頭。我知道，許多家長試圖搞懂孩子的想法，常是要讓自己感到放心而已。

說出來就是很奇怪！

我接著與孩子聊聊。我問孩子：「媽媽剛才說的狀況，你有聽見吧？你有什麼感覺或想法呢？」

「我就是不想跟她說！」孩子回答得很直接：「我如果跟她說，她會看起來很擔心，然後就生氣了。」

「原來你是在意媽媽的感受呀！那麼，你不說，媽媽會有什麼反應呢？」

「她就會繼續問啊！一直問、一直問，越問越生氣，我就更不想講了！」

「謝謝你願意告訴我這些。」我試著肯定男孩「願意多說一點」的行爲，繼續問道：「那麼，如果媽媽不要一直問，也不要擔心或生氣，你願意跟她多說一點你的想法嗎？」

男孩搖搖頭：「不要！」

「喔！怎麼說呢？」我持續帶著好奇發問。男孩停頓了很久，然後說：「不知道……」我想著幾種可能性，讓孩子選擇：

「會不會，你擔心你說了會被批評或責罵？」

「還是，你覺得你長大了，沒必要什麼事都要交代清楚？」

「還是……」

孩子認眞思索了一陣子，眉頭都皺了起來：「就是……我也不知道怎麼說，反正，說出來就是很奇怪呀！」我邀請孩子多說一點這種「奇怪」的感覺，但孩子重複地說著：「就是很奇怪嘛……」

不是不想講，而是不知道怎麼講

我試著貼近孩子的內在：「會不會，你知道你有種感覺或想法，但卻不知道怎麼說清楚？你也覺得很傷腦筋？」

孩子嘆了一口氣，說：「應該就是這樣吧！」

「所以，這個時候，如果我再繼續問下去，你就會更不想講了，因爲你也不知道怎麼講。」男孩用力地點點頭。

「那麼，媽媽在問你時，你也有這種感覺嗎？很多時候，你不是不想講，而是不知道怎麼講，所以乾脆不講。但不講好像又會被念，那麼就講個反話算了，甚至，就對媽媽生氣起來了！」

孩子再度點點頭，我也再度肯定孩子表達的意願。我轉頭看著憂心的母親，詢問母親從中聽到了什麼訊息，母親說：「原來，孩子不是不願意說，而是不知道怎麼清楚表達呀！」

孩子正在練習統整自己的情感與思緒

我點點頭，告訴母親，這個現象在步入青少年階段的孩子身上會越明顯。**青少年敏感又相當在意他人的看法，常會複雜化對一件事情的感覺或想法，同時伴隨著許多焦慮、不安與煩躁的情緒。在此同時，孩子也在練習統整自己內在的情感與思緒，相當需要大人給予他們空間。**

我邀請母親：「可不可以試著允許孩子，現階段就是會難以說清楚自己內在的想法或感覺。**他不說，不是不願意說，而是不知道怎麼說；他說反話，不是故意要唱反調，而是在表達對大人一直詢問的抗議。**」

「這樣我比較能理解了！原來我要給他多點空間，而不是一直追問。我會盡量提醒自己這麼做，不過，我也很擔心自己因爲心急就破功了……」

我點點頭，表達我的理解。接著轉頭再度看向男孩：「你聽到媽媽說的話了吧？你是否也可以允許媽媽在努力學習如何與你相處的同時，有時候也會忍不住就焦慮或生氣起來了？特別是在一些時間緊迫的時刻……」

男孩說：「嗯！我盡量……」我笑著回應道：「好！我也看到你的努力了。」

允許孩子有個「說也好，不說也好」的空間

許多家長對於孩子的矛盾、反覆無常或摸不著頭緒的行為表現感到苦惱。這苦惱來自於「不知道孩子內心究竟在想什麼」，於是，挖空心思去理解孩子，但卻不得其門而入。事實上，就算了解了孩子的想法，也不一定能改變孩子的行為，但終究能在心

裡圖個安定感。

在我多年陪伴青少年成長的經驗中，**青少年孩子常處於一種矛盾狀態——明明有著某種想法或感受，但就是說不清楚；明明知道要好好表達，但就是不想講出來。**這可能來自於童年時期的表達常受到大人批評或否定的負面經驗，或者內心想要展現自己成熟獨立，乃至於有些孤傲的心態。

特別的是，對於向大人表達，孩子心裡常會升起一種微妙的「尷尬感」——摻雜著羞愧、丟臉與焦慮。於是他們常說：「要講出來好『奇怪』喔！」

當父母面對青少年孩子「想表達卻又說不清楚」的矛盾時，最好的做法，就是**允許孩子有個「說也好，不說也好」的空間。**父母可以對孩子說：

「我很想知道你的想法，可以等到你準備好的時候再告訴我。如果你願意與我分享的話，你要多說一點，或少說一點，都是可以的。」

而當孩子願意表達，哪怕只是一點點模糊籠統的描述，都應該給予肯定：「謝謝你願意告訴我。」或者，帶著好奇繼續探究：「我很想知道，你還有什麼感覺或想法呢？」如果孩子努力表達卻仍然說不清楚，或者已經面露不耐了，父母則該趕快踩煞車：**「我知**

道要說清楚可能不容易，那麼，就等你還有想到什麼時，歡迎再與我分享吧！」

事實上，親子之間的互動相處，從來不是理所當然的，而是需要不斷學習。尤其，當孩子經歷不同生命歷程的轉折時——特別是青少年時期，不論內在或外在，都會有極大的轉變，大人常需要去適應或調整與孩子互動的方式與步調，孩子自己也得學習如何與這些轉變所帶來的焦慮不安共處。

親子之間，若能看見彼此都有著努力調整自己與試圖理解對方的用心時，雙方便是走在同一條道路上，朝著同一個方向前進。

過了這一關，親子關係更親近，也更能自在相處了。

心理師的悄悄話

當父母面對青少年孩子「想表達卻又說不清楚」的矛盾時，最好的做法，就是允許孩子有個「說也好，不說也好」的空間。父母可以對孩子說：「我很想知道你的想法，可以等到你準備好的時候再告訴我。如果你願意與我分享的話，你要多說一點，或少說一點，都是可以的。」

12

學習尊重，來自於眞實體會他人的情感

最近社會上殘忍的殺人事件頻傳，不論發生在情侶間、夫妻間，甚至親子間皆有。我們不禁要問，為什麼有人可以如此冷血？何以有人可以「想要如何就如何」，絲毫不考慮他人的感受？

一件事情的發生，常有著複雜的成因，不能只歸因於單一因素。然而，站在教育或心理助人者的立場，思考的常是，我們該如何教養出能考慮他人感受、遵守社會規範的成人，而不是殘酷無情的冷血怪物。

該怎麼做呢？父母師長若能做到「真誠表達情感」，將會是重要關鍵。

孩子是如何學習到社會規範的呢？

當孩子從一個完全自我中心的嬰兒狀態，逐漸發展出人我相處的社會意識時，他需要體認到所謂的「行爲邊界」的概念，也就是**人際之間的行為是有限制的——孩子必須理解「我的行為會如何影響到他人」**，**進而意識到「在人我關係中，不能我行我素」以及「我該怎麼做，才是對你我都好的？」這樣的問題**。

我們可以思索一下，在成長過程中是如何體會到行爲邊界，進而學習到社會規範的？通常來自於兩種管道：

第一、大人透過**教條式的灌輸**，以語言的形式讓我們認識到是非對錯，強調的是，某種行爲表現的「對錯」或「合宜」與否。第二，**在實際生活中，與人相處時體驗與學習而來的**，例如在幼兒園中，眾多幼童搶著玩同一個玩具，在你爭我奪之下逐漸學習到，唯有「輪流」才能讓大家都有機會玩得到，爲了輪流，幼童得學會暫時克制自己即時的欲望。

兩種方式都能幫助孩子建立起行爲規範，但往往後者——**在自然的人際互動中藉由**

行為後果摸索得來的結論，對孩子的影響較大較廣。因為，這樣的學習是伴隨親身體驗的真實感受而來，不只記憶在意識層面，也深植在內心深處。

他人的情感表達幫助孩子認識到「行爲是有限制的」

然而，父母師長爲了讓孩子有規矩，常會直接告訴孩子什麼是「對的」、什麼是「錯的」，這是讓孩子聽話頗有效率的方式，但對於年幼的孩子而言，往往無法眞正的體會。甚至，可能造成孩子更多的困惑與挫敗。

許多父母都有在吃飯時間與孩子搏鬥到火大的經驗。一位母親在餵幼兒吃飯時，孩子東晃晃、西走走，餵了大半天還是沒吃完。母親也跟著心情煩躁起來，便對孩子說：「好孩子就應該趕快把飯吃完，你這樣吃飯慢吞吞的，是個壞孩子！」

另一位母親面對相同的情境，有著不同的回應。她嚴肅地告訴孩子：「我看到你吃了好久還沒吃完，這讓我很困擾，因爲我還有很多事情沒有做。請你趕快把飯吃完吧！」

在相同情境下，兩位母親對孩子回應的差異在於，是否真實地表達出自己的情感。**後者明確地讓孩子知道自己的行為（飯吃了好久）與他人情感（我很困擾，因為……）之間的關連；前者則搬出「教條」，也就是一些關於是非對錯的人際規範（好孩子應該……）卻把自己憤怒的情緒感受隱藏在教條底下。**

那些教條或規範，就是人與人之間的互動規則，它們只存在於人際互動脈絡下。正因爲你的行爲會影響到我的權益，於是，我們必須有默契地共同遵守某些行爲法則，讓彼此都能自在地相處。

於是，真誠地表達情感往往能讓孩子明確地知道，我們的情緒感受目的是獲得尊重。這就是爲什麼，父母對孩子表達情感，不論是正向或負向，在孩子的教養上是如此重要了！

學習尊重來自於親身體驗，而非教條口號

「尊重」正是孩子在摸索行為邊界與學習建立人際規範時，最高的指導原則。

若要孩子懂得尊重，並非一味地灌輸他們那些「應該做什麼」或「不應該做什麼」的教條準則，而是讓孩子擁有理解他人情緒感受的能力。父母是孩子第一個人際相處的對象，**父母對孩子的特定行為所表達出來的情緒感受，自然能讓孩子體悟到「我們是不同的」，以及「我的行為需要把你的感受納入考量」，這樣就建立起行為邊界了。**

每天、每時、每刻，我們可能都在引導孩子建立行爲規範。**當孩子表現出不當的行為時，大人可以試著指出孩子的問題行為後，表達自己內心的真實感受，同時提出具體要求**，例如：

「我聽到你一直抱怨我，我很難過，希望你能停止這麼說！」

「我看到你一直把桌上的東西丟到地上，發出很大的噪音，讓我很不舒服，我也很擔心東西會被摔壞，請你把東西放回桌上。」

「我看到你今天的作業沒有完成，我有點擔心，是不是不會寫？我們一起來討論看看。」

當然，孩子有些正向行爲時，也可以比照辦理：「我看到你今天花比較少時間在玩手機遊戲，我知道你可以做到自我控制，我很喜歡你的表現。」

是不是有點類似「我訊息」的表達方式？

正是如此！要注意的是，**請務必只聚焦在孩子的特定行為本身**。像是，有些父母會這麼說：「你總是不寫作業，就是個性懶散墮落，我真是擔心你的未來呀！」這樣就是在否定孩子的人格了。

誠實面對自己的情緒，才能真誠表達

另外，**父母需要表達的是自己當下真實的情緒感受，而非將負面情緒隱藏在批判與評價背後**。這讓我想起，我有個朋友很煩惱，他那就讀國小的孩子，在學校裡聽到其他同學暑假出國遊玩的經歷，羨慕不已，回到家便吵著要父母帶他出國。父母拒絕了，孩子便開始鬧脾氣。母親掉頭離開去做家事，父親則忍無可忍地拿起藤條教訓孩子。

朋友憤怒地罵了孩子一頓：「人家要什麼你就要什麼，也不想想，你的學習表現好嗎？怎麼還敢提出這種要求？而且，爸爸媽媽這麼忙，你真是不懂事！」

然而，從朋友的敘述中，我感受到他內心有著龐大的憤怒，一方面來自於沒有能力帶孩子出國遊玩的無奈，另一方面是感受到孩子不願意體諒父母的無力，於是透過批判或否定孩子，表達內心的憤怒。

其實，他可以這麼回應孩子：「我知道你也很想出國玩，但是，爸爸媽媽現階段眞的無能爲力，我們沒有時間，家裡經濟也不允許，希望你能體諒。」停頓一下，接著說：「當你不斷要求，甚至發起脾氣，會讓我感到很挫敗，不知道如何才能讓你明白我們的爲難。」

「真誠表達情感」不是件容易的事情，父母得要有高度的自我覺察才行。

尊重他人，也能重視自己的感受

從小對孩子眞誠表達情緒感受，**一方面能夠幫助孩子擁有從他人的觀點與感受看事情的能力，也就是同理心；另一方面，父母也在示範如何認可與表達自己的情緒感受。**

而當孩子遇到人際衝突，特別是自己的身體或權益被冒犯時，**他便學習到，要立即覺知自己的情緒感受（我覺得不舒服），認可自己的情緒（我的不舒服是真實的），並真**

誠地表達自己的情緒感受（我感覺到不舒服，請你立刻停止這麼做）。
於是，孩子在學習尊重別人的同時，也學會了尊重自己。

心理師的悄悄話

父母是孩子第一個人際相處的對象，父母對孩子的特定行為所表達出來的情緒感受，自然能讓孩子體悟到「我們是不同的」，以及「我的行為需要把你的感受納入考量」，這樣就建立起行為邊界了。

Part 3

有肯定的陪伴

相信，希望就在雲的背後

你總是看衰孩子，還是賞識孩子？你對孩子傳遞出來的是希望，還是失望？大人的眼光，深深影響著孩子的表現。因爲，每個孩子都想被肯定與被在乎。而大人是否願意學習從不同的視角看孩子？——不只看到孩子表現結果的好壞，更看見孩子有做到、做得到的地方，認可孩子在表現過程中投入的努力、堅持、體貼、勇敢的態度，以及行爲背後的良善意圖。

13

從不可能到可能，讓人「相信自己做得到」的正向回饋

剛進入高一就讀時，才第一次月考，我的數學就考砸了。當我看著考卷右上方斗大的紅字「26」時，我屏住呼吸、閉上眼睛，豆大的汗水流了下來——我完全不敢置信！

當時的我十六歲，剛進入高雄中學這所聚集了大高雄地區學術成就頂尖學子的一流學府就讀，我也是所謂的「菁英分子」之一。但此刻，我萬念俱灰。

在拿到26分的當下，我的耳邊迴盪著一個聲音：「你的數學果然沒有想像中的好！」我覺得自己是一個魯蛇，徹徹底底的失敗者。數學在高中階段是何等重要，而高中生涯才剛要開始。

「這下你玩完了！」我這麼告訴自己。

一年後升上高二，曾經連著兩次月考，我的數學都拿了滿分，升旗時上臺領到了難得的「數學成績優異」獎狀與圖書禮券，那是莫大的殊榮。

從26分到100分，我是如何辦到的？

我比誰都明白，即使一直覺得自己的數學完蛋了，但腦袋裡還盤繞著另一道更強大的聲音：「再給自己一次機會吧！畢竟，一直以來你都是靠著努力換來好成績的。」

腦袋裡的兩個聲音，誰大誰小？

當你遭遇一個對你而言至關重大的挫敗時，腦中常會閃過兩個相對的念頭，一個是「我的能力不足，我辦不到」，另一個是「也許我可以再試試看，結果會不一樣」。當前者的聲音大於後者時，你可能會傾向就此打住，放棄努力，終於失敗收場；而當後者的聲音大於前者時，你可能會再接再厲，結局就此翻盤。

前者將思考的焦點擺在能力本身，相信自己的本事就是如此，不可能提升或改變；後者將思考聚焦於過程，相信透過不斷努力，因應問題的能力將會增長，終究會突破困境。

這兩個相對的心態是由心理學家卡蘿．杜維克（Carol Dweck）所提出，前者稱爲「固定思維」（fixed mindset），後者則稱做「成長思維」（growth mindset）。**抱持固定思維的人，相信人的能力、本領與才華是固定不變的；而保有成長思維的人，則相信自己可以透過不斷努力來提升自己的能力，擴展自己的極限。**

不消說，哪一類思維傾向的人，在面對困境時會很快放棄努力，傾向於逃避更高難度的挑戰，永遠只挑自己有把握的事情做？——通常是「固定思維」者。

然而，現今的教育現場，卻存在著許多抱著「固定思維」的孩子。儘管「一分耕耘、一分收穫」「天下無難事，只怕有心人」「滴水穿石」「積沙成塔、聚少成多」「不經一番寒徹骨，焉得梅花撲鼻香」等具有「成長思維」意涵的名言錦句，孩子們多半能朗朗上口，但實際上他們卻常告訴自己：「我不可能。」

分數至上文化助長固定思維，讓孩子的努力停滯

根據卡蘿．杜維克的看法，固定思維或成長思維的形成，與孩子從小在面對成敗經驗時，身旁的師長給予的回饋內容有關。**若師長給予孩子的回饋聚焦在投入過程中的付出、堅持與方法上，這便暗示了努力可以得到不同的結果；若讚美或批評是依據成就本身或孩子的資質，那麼便會讓孩子認知到，一個人的能力是不可能改變的。**

於是，我們不難理解，在這個極端重視考試與分數至上的家庭或學校現場中，父母師長一方面告訴孩子「天下無難事，只怕有心人」，另一方面卻用分數高低來評斷孩子的學習能力——考得好便得到獎賞，考差了便免不了一頓臭罵（另外還會冒著失去同儕尊敬或喜愛等「社會籌賞」的代價）。

儘管孩子仍被諄諄教悔著「持續努力就會進步」的觀念，但這對孩子沒太大用處。因爲難度漸高的課業進度，一次又一次的考試挫敗，現實壓力給孩子的回應是：「你不是讀書的料，你屬於學習失敗組！」

而學習上的失敗與低效能感，有如一股低氣壓蔓延到與學校生活有關的其他層面

上，那些本該洋溢青春活力的臉龐，逐漸出現倦容。

促發成長思維的兩個正向回饋原則

我們知道，當一個人面對挑戰時若擁有成長思維，最具有持續向前、再接再厲的力量；那麼，怎麼樣的鼓勵、肯定或正向回應，最可以促發一個人的成長思維，讓人「相信自己做得到」？

最好的回饋方式，就是**透過提問的形式，讓當事人反思自己面對工作任務的過程中，究竟發生了些什麼事，主動做了些什麼；同時，將工作表現的比較焦點聚焦在自己身上，自己與自己比較，以在當事人面前呈現出一種成長的可能脈絡**。原則如下：

❶ 回饋的焦點在過程中投入或展現了些什麼。

❷ 引導當事人自己與自己比較。

當一個人表現得很好，漸入佳境時，我們可以這麼回饋他：

「你是否發現自己一次比一次進步，你是怎麼做到的呢？」

「我很好奇，你做了些什麼，或用了什麼方法，幫助自己比上一次表現得更好呢？」

「你是否發現自己有哪些特質或能力，幫助自己可以擁有如此好的表現？」

「當你可以表現得這麼好，你會如何運用這一次的經驗，幫助自己面對下一次類似的挑戰？」

「如果有人也遇到相同的挑戰，你會給他什麼建議，幫助他也能成功面對？」

相對的，當一個人遭遇挫敗，或者在工作或學業表現上退步了，我們仍然可以透過這兩項回饋原則促進成長思維。例如：

「這次表現雖然不如預期，但之前你曾經有過好的表現，當時你是如何做到的？」

「那些之前的成功表現，如何幫助你下一次再次面對類似困境？」

「這次你還沒有達到預期的成果，那麼下一次再面對類似困境時，你將會做些什麼幫助自己呢？」

「面對這次的困難，你做了好多努力，你是如何堅持下去而沒有放棄的呢？」

「是什麼讓你在面對這次困難時，願意持續付出、堅持下去呢？」

運用 not yet 句型的五步脫困法

卡蘿．杜維克於二〇一四年的 TED-Talk 演講中提到，教師要善用 not yet（還沒有）的句型給予孩子評價與鼓勵。**例如：如果學生在某門課的表現不及格，她會給學生的回饋是：「你『還沒有』通過這門課。」因為，「還沒有」暗示了通過的可能性。**

這讓我想到「簡快身心積極療法」的創始人李中瑩老師在其著作中提到的「五步脫困法」，運用的就是「還沒有」的語言暗示技巧。當來訪者說「我做不到某事」時，助人者可以逐步引導當事人改變其限制性的想法：

第一步，困境：「**我做不到某事**。」

第二步，改寫：「到現在為止，我還沒能做到某事。」

第三步，因果：「因為過去我不懂得……所以到現在為止，我還沒能做到某事。」

第四步，假設：「當我學會……我便能做到某事。」

第五步，未來：「我要去學……這使我能夠做到某事。」

舉例而言，當一個孩子一直認爲自己人緣不好，不可能受歡迎時，可以透過下面這五步驟引導其改變想法。

第一步，困境：「我交不到朋友。」

第二步，改寫：「到現在爲止，我還沒能夠交到朋友。」

第三步，因果：「因爲過去我不懂得察言觀色，所以到現在爲止，我還沒能夠交到朋友。」

第四步，假設：「當我學會如何解讀別人的臉部或口語訊息，我便能夠交到朋友。」

第五步，未來：「我要去學會解讀別人的臉部或口語訊息，懂得察言觀色，這會使我能夠交到朋友。」

從第一步到第五步，是否讓人感到逐漸擁有力量？心態改變了，力量就提升了，便有機會從困住自己的地方跳脫出來了！

心理師的悄悄話

若師長給予孩子的回饋聚焦在投入過程中的付出、堅持與方法上，這便暗示了努力可以得到不同的結果；若讚美或批評是依據成就本身或孩子的資質，那麼便會讓孩子認知到，一個人的能力是不可能改變的。

14

除了「喔！那很好啊！」之外，想給他人肯定時還能說些什麼？

不管在什麼形式的人際關係中，多對他人表達些肯定與讚美準是沒錯的。一個組織或團體中，如果肯定的語言多過與批評、指責與謾罵，成員相處自然是融洽且充滿凝聚力的，反之亦然。

正向心理學家馬歇爾．羅沙達博士（Dr. Marcial Losada）針對人際關係做了許多深入的研究，他發現，若是在私人的互動關係中，要發展出穩固與親密的關係連結，那麼這段關係出現正向語言與負向語言的比例，至少要達到5：1以上；而在一般公司、組織或團體中，則至少要有3：1的比例。

也就是說，在一般的人際關係中，不論是家人、同儕、伴侶或親子間，一句批評、指責、謾罵或貶抑的話語，就足以抵銷五句讚賞、認同、肯定、接納與支持的話語所帶來的益處。

依此而論，反觀我們每天所處的各種關係中，特別是家庭裡的夫妻或親子，時常處在劍拔弩張的緊張或衝突氣氛之下，關係好壞可想而知。

再加上民情使然，臺灣大多數人從小生長在批評與指責多過於肯定與讚美的環境中，長大後在經營親密關係或親子關係時，自然也說不出什麼好話。「正向語言」人人都知道，卻不知道什麼時候該說，或該說些什麼？

肯定與讚美必須基於事實

想給出肯定或讚美，最高指導原則是，內容必須基於事實。空泛的肯定只流於形式，為肯定而肯定，會讓人感覺到虛偽不真誠。

比如說，當一個人上臺簡報時顯然準備不足、辭不達意，下臺後你卻對他說：「我覺得你報告得眞好！」這不是睜眼說瞎話嗎？同時，**對孩子給出言過其實的讚賞，**

很容易讓孩子產生虛幻的正向自我觀感。

然而，要從哪裡找到基於事實的肯定素材呢？

首先，你得先戴上一副正向的眼鏡，如此才能看到他人身上美麗的畫面。這並非對每個人都是容易的，特別是對那些早就習於找缺點、翻舊帳，又愛吹毛求疵的人。

曾經有一位家長來找我談孩子的狀況，我要他講出孩子身上的三個優點，即使很小也可以。這位家長抓著頭苦思了半刻，就是無法說出任何一個優點。顯然，從他的眼中所看到的孩子的面貌，是多麼醜陋不堪，在這樣的家庭成長，久了孩子也將會覺得自己一無是處。

找到值得肯定之處的三個切入點

❶不只肯定行為的結果，也肯定行為的過程

一般人只會注意到人們行爲所帶來的結果，卻忽略了**行為過程中曾經付出的努力、**

堅持、毅力、勇敢嘗試、採取不同方法、企圖心、彈性、曾有的小小成就……等，而這些都是值得被看見，也是被普世讚揚的良好德行。

例如，面對孩子的課業表現，不只讚美孩子成績進步了、考試滿分了、獲得前幾名，這些屬於表現的結果；我們也可以去肯定孩子在學習過程中「沒有放棄」「願意付出努力」「願意堅持下去」「一直很有決心」「總是再接再厲」「曾經進步過」「使用了讀書方法」……等。畢竟，孩子不可能天天都考滿分，而有些孩子就是怎麼樣也拿不出好成績。

❷ 不只肯定行為本身，也肯定行為背後的意圖

所有的行為，無論好壞，背後都有著正向的意圖，不是為了幫助我們更好，就是為了保護我們免受傷害，通常跟我們的心理需求相關連。

例如：

◎ 總是依賴、愛撒嬌，可能是亟需要獲得情感連結以及關係中的安全感。

◎ 說話口氣不佳，甚至常情緒失控，可能是正在「很用力」地讓別人知道自己的

感覺與想法，彰顯自己的獨立性。

◎袒護同伴，欺瞞師長，可能是希望獲得同儕的認同與歸屬感。

◎總是晚睡、東摸西摸到三更半夜，可能是想多爭取一些可以自主支配的時間。

◎沉默寡言、不太喜歡與人互動，可能是希望有多一些獨處的時間。

❸ 賦予行為新的意義或價值，找到它們的正向功能

有些行爲或特質看起來不怎麼樣，或者不太被主流價值所接受，但換個時空情境，常有著不可思議的價值，而我們是否有這份眼光去辨識出來呢？

例如：

◎活潑、好動、總是靜不下來，代表他精力充沛、活力十足、身體健康。

◎懶散隨性、不拘小節，顯示他生性樂觀、少有煩惱、自在歡喜。

◎好勝逞強、愛辯不服輸，顯示他充滿企圖心，表達自我，有領導人物的風範。

◎天馬行空、胡思亂想、不切實際，代表他想像力豐富，具有創造、發明或改變世界規則的潛能。

◎ 生性固執，難以接受他人的說法，顯示他深富主見，堅持己意，具有魄力，不會人云亦云，隨耳語而起舞。

值得一提的是，不論是肯定行為的過程、肯定行為背後的意圖、賦予行為新的意義或價值，不代表我們就要認同行為本身。如果行爲本身是會危害到自己或他人，或在世俗道德上不被接受的，仍然應該誠懇且委婉地指出來。

找出他人身上值得肯定的地方，可以幫助一個人提升自我價值，認可自己的重要性。當你掌握了上述三項對他人傳達正向肯定的切入點時，你便會發現，肯定或讚美其實可以做得很細緻，除了讓人感受到喜悅外，還能獲得一種被深刻理解的感覺。

拉高肯定的層次帶給對方更多力量

除此之外，我們還可以逐步拉高肯定的層次。

一般層次的肯定，是舉出對方表現良好的具體行爲，這能讓人知道：「我做的是對的！」往較高一層次走，是指出對方行爲背後的意圖、態度或精神，這能讓人知道：「我有能力／可能做得到！」而帶來希望感；到了更高層次，則是指出行爲本身具有的意義與價値所在，這會讓人知道：「我這麼做是有意義的，我願意繼續嘗試下去！」這往往最能帶給對方力量。

於是，我們可以接著好奇地探問對方：「我看到你有這些不簡單之處，你是怎麼做到的？而這如何幫助你面對往後類似的困境？」「你打算把這很好的部分，用在哪些地方呢？」「當你看到自己有這些很棒的部分時，對你而言有什麼意義？」

原來，除了「喔！那很好啊！」之外，想給出肯定，還有這麼豐富的表達形式呀！請持續帶著正向的觀點，現在就著手嘗試看看，你需要的是練習、練習、再練習！

刻意練習、不斷練習！

心理師的悄悄話

想給出肯定或讚美，最高指導原則是，內容必須基於事實。空泛的肯定只流於形式，為肯定而肯定，會讓人感覺到虛偽不真誠。只是首先，你得先戴上一副正向的眼鏡，如此才能看到他人身上美麗的畫面。

15

別讓肯定破了功！停止翻舊帳

有一次，我到朋友家作客。朋友的太太忙進忙出，又是水果，又是點心。看著滿桌的餐點，我不好意思地直說夠了、夠了，別再忙了。朋友也對太太說：

「是呀！妳今天忙了一整個早上，快坐下來一起聊天吧！」

「哇！你今天好體貼喔！這樣我再忙都值得了。」朋友的太太回以開心的笑容，似乎很欣慰自己的辛苦能被看見。朋友的嘴角也跟著上揚，臉上彷彿寫著「那當然」三個字。

朋友的太太坐下來，繼續說：

「我老公呀！要是每天都像今天這麼體貼就好啦！之前好幾次，我已經累得半死了，他不幫忙就算了，還在一旁嫌東嫌西。真是氣死人了！」

「還有一次，他的父母來訪，我簡直忙翻了。兩老回去之後，卻被他嫌我準備得不夠！」她似乎還想繼續說下去，但朋友的臉已經垮了下來，收起得意的笑容，擺起臭臉。

發生什麼事了？

包裝在肯定之下的數落

有一位母親問我，爲什麼在家裡針對孩子表現合宜的地方表達肯定時，孩子反而臉更臭，更聽不進去？

她的孩子有著拖延的「症頭」，常常拖到很晚才寫作業，做事情也要人家三催四請。父母軟硬兼施，好說歹說，就是難以幫助孩子改掉陋習。

我告訴她，如果一直告訴孩子哪裡做得不好，要改進，這只是不斷聚焦在孩子難堪的地方。如果這麼做有效果，那孩子的問題早就不是問題了。不如仔細觀察孩子的日常行

為，試著在孩子「沒拖延」或者「準時完成任務」時，立刻予以孩子肯定。

母親連忙說：「有呀！我都有肯定他。如果他準時完成功課，我一定會讚美他。」

「你怎麼肯定他的呢？我的意思是，話是怎麼說的？」我有些好奇。

「我就說，你看，你明明可以準時完成、不拖延的，這樣不是很好嗎？像你之前，寫作業都要人家一直催，總是拖到三更半夜才火燒屁股，那樣對你有好處嗎？說了多少次了，可是你都不聽呀……」

母親似乎還要說下去，我連忙打斷。我說：「前面第一句，妳確實是在肯定他，這部分做得很好。不過，後面的那些話，全都是多餘的了。」

母親露出驚訝的神情。我接著說：「當妳提到他之前沒做好的部分，就是開始『翻舊帳』了！沒有人喜歡被數落，特別是過去不被認可的事情被反覆拿出來重提，肯定會翻臉的。」

「要是這狀況發生在外人前，也就是當著親戚朋友的面翻孩子舊帳，那麼孩子的問題行爲非但不會改，不跟你生氣才怪呢！」

母親拚命點頭：「啊！原來如此。我的確常常這樣……」

該說的說了，不該說的也說了

我時常提到「正向回應」的溝通技巧，我認爲，正向回應是促使一個人行爲改變的有效途徑。**因為，與其不斷數落他人反覆出現的那些惱人的問題行為（負向聚焦），不如支持那些曾經出現過的合宜行為（正向聚焦）**。回應的焦點可以放在對方「做得到」「有做到」的地方，或者肯定他人行爲表現過程中的努力與堅持……等。總之，多給予他人肯定與讚美，準沒錯！

許多家長學習這套回應技巧後，掌握了基本概念，回到家實作時卻會卡關。**其中一個共通的問題，就是：「說了該說的話，卻也說了不該說的話。」**

有效的正向回應，就純粹只是肯定就好，不需要加上任何數落、批判或說教。否則，那只不過是把我們的不滿或怨懟，包裝在看似讚美的糖衣底下，外觀可口，卻難以下嚥。

如果朋友的太太，在看到她先生表現出體貼的一面時，就只是開心地說：「老公，謝謝你的體貼，我很喜歡你這麼做。」（肉麻一點就加上「我感覺到你滿滿的愛」諸如此類的話）我相信，朋友出現體貼舉動的頻率，肯定會慢慢增加。

如果那位母親在孩子不拖延時，就只是告訴孩子：「我看見你今天能準時完成作業，這樣眞的很棒！媽媽很喜歡你這樣的表現喔！」（頂多再多加一句「我相信你之後也做得到」類似正向期待的話語）我相信，孩子不但不會心生反感，還會努力嘗試做到不拖延。

總是肯定後再翻個舊帳嗎？無所不在的日常慣性

只是，要做到不翻舊帳的純粹肯定，眞的不容易呀！**我們總是會在讚美對方時，又順便把舊帳拿出來念一念。特別是，對孩子、對另一半，以及對家中長輩時。**

「我們家小寶今天準時起床喔！不像之前，每次都要媽媽叫很久，叫到都沒耐性了，如果像這樣不是很好嗎？就不會逼得媽媽要拿出棍子來了！」

「老公，你今天主動發現我穿了件新衣服耶！被人關注的感覺眞好呢！不像之前，我哪裡不同你都沒發現。像上次，我明明染了頭髮，超明顯的，你竟然當作什麼也沒發生……」

「爸，我看到你今天和媽一起出門去運動，這樣很健康！之前每到假日，你就是一直宅在家裡看電視，動也不動，邀你去散個步，就像要你的命一樣……」

看吧！這種表達模式——先肯定，再翻舊帳，是不是時常發生在日常生活中？這樣的話語一出，接下來要不是針鋒相對，就是不歡而散。

刻意練習，踩住想抱怨的煞車

或許，在讚美與肯定之後，順便翻起舊帳，只不過想要趁機向對方抱怨與吐苦水而已。想要把長期以來積累的不滿，趁這個時候名正言順地倒回對方的身上，讓對方知道我們是多麼用心良苦。

因爲，**我們的努力，也想被對方看見呀！**

我們天真地以為，先給顆糖吃，再賞個巴掌，對方就不會這麼痛了！事實是，依然很痛，甚至懷疑起你給糖的意圖，是否良善？

我們必須認真去釐清一個問題，就是：「當我翻起舊帳，數落對方過去的不是時，究竟是否有助於對方問題行為的改善？還是，我只是想讓自己的感覺好一點而已？」

要破解這個慣性的表達模式，只能刻意練習——有意識地練習「踩煞車」。當肯定的話說出口後，立刻踩下煞車，停一下，在心裡想一想：「接下來的話，我還要不要繼續說出來，尤其是那些翻舊帳的內容？」接著，你就會知道，怎麼做比較好了。

別讓翻舊帳，讓你給出的肯定破了功！

心理師的悄悄話

有效的正向回應，就純粹只是肯定就好，不需要加上任何數落、批判或說教。
我們需要有意識地練習「踩煞車」。當肯定的話說出口後，立刻踩下煞車，停一下，在心裡想一想：「接下來的話，我還要不要繼續說出來，尤其是那些翻舊帳的內容？」

16

那個「總是」在說謊的孩子

到國小進行親職講座的分享，最有趣的事情是，父母和孩子會一起在場聆聽。講座結束後，照慣例，許多家長排隊前來問問題。一位媽媽帶著三個孩子，等了好久終於輪到了。媽媽小聲地說：

「我們家老二，一直有習慣性說謊的問題，我們怎麼糾正都沒有用。很奇怪的是，生活中很小的事情都要說謊，像是，放在桌上的東西不見了，我們問：『是誰拿走了？』他立刻說：『不是我！』但一追查，就是他拿的。最近學校老師也有發現這個現象，要我們多留意。我跟他爸爸都感到很困擾。」

「孩子現在多大？男生還是女生？」我問。

媽媽回頭指著坐在前排座椅上的三個孩子：「就是中間那個男生，現在國小二年級。」他剛好夾在姊姊和妹妹中間。我問媽媽，有問過他為什麼說謊嗎？

「他說，他怕被我們罵。可是我們也跟他說，如果他願意誠實一點，我們當然不會罵他；會罵他，就是因為不誠實。老師，我們該怎麼辦？」

不是一直在說謊吧？

我問媽媽是否願意讓我跟孩子談談，媽媽叫來了男孩。我簡單地自我介紹和寒暄幾句之後，直接問：「媽媽告訴我，你常常會說謊，很小的事情都也會。我可以知道，是這樣子的嗎？」

「嗯！」男孩點點頭，眼神中流露出些許緊張。

「我看到你點點頭，你剛剛沒有說謊，對不對？」

男孩再度點點頭：「嗯！沒有。」

「謝謝你願意告訴我。所以，你不是一直在說謊吧！也就是說，很多時候，你是誠實的，就像剛剛。是嗎？」

我會這麼問，是**試圖把話題聚焦到正向的地方**。這孩子已經因為說謊而被指責得夠多了，我不需要在這裡複製這些語言。**因為行為不會無時無刻都保持不變，一個再會說謊的人，也不會時時刻刻都一直在說謊，十句話裡頭也可能有幾句是真實的**，所以，我特別強調：「你很多時候是誠實的。」

男孩眼睛亮了起來，這次點頭更用力了！

透過具體事例深入討論

「你可不可以告訴我，是什麼讓你願意說實話，沒說謊呢？」我帶著好奇，將提問繼續聚焦在正向之處。

「不知道。」男孩睜大眼看著我。顯然這個問題對他而言，有點難，我說：「謝謝你願意『誠實地』告訴我你的想法。」我接著問：「像是什麼時候，你會實話實說，沒有說謊？」

與孩子對話時，可以透過一個具體的事件來進行討論，會更加聚焦。孩子想了想：「上音樂課時，我忘記帶笛子，音樂老師問誰沒帶，我很誠實地舉手了。」

行爲的背後總有正向意圖

「哇！眞是不容易耶！」我立刻給予肯定，**基於事實的肯定，才會有效果。**我接著問：「當時，你是怎麼做到，沒有隱瞞，願意承認你沒帶笛子呢？」

「因爲音樂老師不會罵人呀！」孩子的聲音中有了些精神。許多大人聽到這裡，大概就會板起臉孔：「喔！所以會罵人的老師，你就要說謊了。怎麼可以專挑軟柿子吃呢？」

我停了一下，接著說：「原來，你有的時候沒有說實話，是因爲擔心被罵，是嗎？」**這句提問背後的信念是「所有行為都有正向意圖」，有許多所謂的問題行為，其實是為了自我保護，這個孩子正是如此。問題行為雖然需要被改正，但正向意圖卻需要先被辨認並肯定。**

孩子點點頭，我再次確認：「所以，你不是故意要說謊的，是爲了保護自己，不要常被罵。是嗎？」孩子再次點點頭：「嗯！」

理解孩子的說謊其實有著深深的期待

「那麼，什麼時候，你很容易被罵呢？」

「在家裡。」

「喔？發生了什麼事？」我想探索出一些具體的事件。

「爸爸媽媽很愛罵我，什麼事都可以罵我，姊姊和妹妹卻不會挨罵。可是，姊姊和妹妹也有做錯，爲什麼不會被罵，就只有我？」男孩順道舉了最近發生在家裡的幾個例子，越講越激動。

一旁的媽媽，連忙想澄清，被我制止了。我繼續說：

「我明白了，你好像有些委屈，是嗎？」我接著**將回應聚焦在孩子的情緒感受上，孩子需要有機會辨識與表達自己的情緒感受，並獲得他人理解。**

男孩點點頭，我接著說：「除了委屈之外，還有其他感覺嗎？」

「就……很生氣！」男孩這句話說得用力，又說：「反正我做什麼、說什麼，都會被罵，有時候我很誠實，也會被罵。那麼乾脆不要承認就好了。」

原來，這男孩夾在兩個姊妹中間，她們的表現往往比男孩傑出，更顯得他動輒得咎。做錯事會被罵，否定自己做錯事（意即說謊）也會被罵，因此，便會在一些不需要說謊的小事上否定自己做過的事情，爲的就是不要再被指責。可見，他有多麼渴望被肯定。

「其實，你很希望爸爸媽媽可以稱讚你，而且，你不想總是被姊姊或妹妹比下去，對不對？」**我試著幫他把內心的期待說出來，因為，長期以來，他在手足之間是經常被否定或忽略的孩子。**

我知道你不是故意要……

我與孩子的談話到此為止。**這過程中沒有分析，沒有說理，也沒有要求孩子改正，因為我相信孩子知道什麼是對的，什麼是錯的。我只是想盡量貼近孩子的內在，並聚焦在正向之處**。而我也正在向一旁的媽媽示範，如何與孩子互動。

我轉身向孩子的媽媽：「你聽到孩子怎麼說了吧！」

媽媽點點頭。我問：「那麼，你知道怎麼做，孩子會慢慢改掉說謊的習慣呢？」

「嗯……是多稱讚他嗎？」

我點點頭：「沒錯。簡單而言，就是在他沒說謊時，肯定他的誠實。」

「那麼，又說謊的時候怎麼辦？」

「告訴他：『我知道你不是故意要說謊的，你是擔心被罵才會這樣做。爸爸媽媽已經努力在學習，多看到你的優點，多稱讚你了，請給我們一點時間，我們一起努力。好嗎？』」

「我知道你不是故意要……」這句話是有魔力的，能夠指出孩子問題行爲背後的正向意圖，當一個人的問題行爲背後的功能、價值或意義能被看見，並被充分認可，問題行爲才有被鬆動的可能性。而孩子因爲被充分理解，便開啓了繼續討論下去的可能性。

媽媽若有所思地點點頭。我說：「這樣，妳學會正向回應了吧！」剛剛講座中的內容，正是正向回應的親子溝通技巧。

心理師的悄悄話

「我知道你不是故意要……」這句話是有魔力的，能夠指出孩子問題行為背後的正向意圖，當一個人的問題行為背後的功能、價值或意義能被看見，並被充分認可，問題行為才有被鬆動的可能性。而孩子因為被充分理解，便開啓了繼續討論下去的可能性。

17

嘴裡好爭勝的孩子，究竟有什麼事？

還記得，曾和一位被轉介到我這兒來的孩子談話。這孩子很特別，會談不到幾分鐘，他便開始上下打量我：

「老師，你穿的鞋子是什麼牌子的？」

「你看到了，是N牌的。」

「我也有好幾雙N牌的鞋子，還有明星球員限定款。」

我點點頭表示知道了。

「老師，你開什麼車過來？」

「我騎機車。」

「什麼？你怎麼不開車？我媽說，等我十八歲時，要幫我買一部B牌的車子。」

看得出來，這孩子臉上露出一絲得意的神情。我心裡不是滋味：「難怪，他會被轉介過來談話。」導師告訴我，這孩子在班上的人緣不好，同學一開始只是不喜歡與他來往，到後來便群起嬉鬧，用言語揶揄或攻擊他。

他常會在與同學的言談間，設法顯示自己比別人厲害的地方，或者在嘴上占人便宜，有時候是炫耀自己的好，有時候則是攻擊別人的不足。雖然還不到言語辱罵的程度，但總讓身旁的人感覺到不舒服，敬而遠之。

他真的這麼有本事嗎？其實也沒有。很快就被同學看破，只是愛吹牛、好面子，又不服輸，最後成了被大家奚落的對象。

隱藏在炫耀中的自卑心態

這樣的孩子通常是自我價值感低落，亟需要被看見與被肯定，因為害怕被瞧不起，所

以拚命顯示自己優越的一面。但當他試圖展現自己不符現實的豐功偉業時，卻引來更多的不滿，最後大家乾脆把他講的話當耳邊風，甚至無視他的存在。這反而讓他必須透過更極端的方式來證明自己——要不是酸言冷語，不然就是不留情面地直揭他人瘡疤。

「老師，你爲什麼要當老師？」這孩子問我。

「因爲，我喜歡幫助他人解決困難……」我回答。

「當老師很好嗎？一個月賺多少錢？」

我還沒來得及回答，他便接著說：

「你怎麼不去當教授或是醫生？我以後一定不會當老師！」

「那麼，以後你想做什麼？」我問。

「我要當總裁。」這孩子神氣地說。

儘管感到不舒服，但我仍盡量保持穩定，平靜地接招。因爲我知道，如果我忽略他所說的話，他只會用更激烈的方式試圖抓住我的目光，直到我受不了而抓狂；如果我不滿地指責或糾正他，只是在複製他生活中人際關係的互動模式，對他並沒有幫助。但若我過度認同他或讚美他所說的，似乎又會增強他總是「言詞爭勝」的行爲。

因此，**我需要讓他一方面感受到被肯定，強化自我價值感，同時知道，可以不用透過「處處爭贏別人」的方式來獲得別人尊敬的眼光。**

人際關係的問題，得回到人際關係中解決

有一次會談時，他帶了罐飲料進來。我告訴他，會談室裡不可以喝飲料。他連忙說：「不是我要喝的，是要請你的。」

或許，他是想透過這個舉動顯示他的出手闊綽。我笑了笑說：「謝謝你的好意。」並問：「是什麼原因讓你想帶瓶飲料給我呢？」

「你每天要講不少話吧？我想應該很口渴，所以請你喝。不用跟我客氣啦！」

「哇！你很體貼呢！會注意到別人的需要。」我停頓了一下，見他臉上露出靦腆的笑容，接著問：「平常你也會這樣注意到別人的需要，甚至出手幫助別人嗎？」

「有呀！」他滔滔不絕地說起他那些如童子軍般日行一善的功績。我知道他一定會說有，而且迫不及待地秀出一件件「豐功偉業」，不論是否眞實。我接著問：「那麼，當你這麼體貼，主動幫忙時，別人有什麼反應？」

「他們都很開心呀！」

「嗯！所以，你有能力讓別人感到開心呢！」

聽到我的稱讚，他笑得眼睛瞇了起來。接著，我用低沉的語調，放慢速度，加重語氣，一字一字地說：「我覺得，能夠爲別人帶來開心的人，是相當值得敬佩的喲！」

放慢語速，是爲了讓話語更有力量，更加深植人心。

「就像你，今天能夠想到我的需要，順道帶罐飲料給我，讓我感到很溫暖。謝謝你！」我正在透過這次機會，設法強化他在人際互動時的合宜行爲。

往後，我在與他每一次的會談中，都會設法觀察並找到一些他在人際互動中，展現對人體貼、關懷或主動協助的一面，設法肯定一番，同時**直接表達我內心的感覺：**

「我很喜歡你這麼做！」

這句話對他而言相當重要，他必須透過與人互動的眞實體驗，去觀察與體會到，自己的哪些言行能受到他人歡迎與喜愛。**他人所表達的情感回饋，將會讓他學習到更多人際互動中的合宜行為。**

嘴裡好爭勝雖然在人際關係裡通常不受歡迎，但**背後卻有著想被關注、被肯定，甚至被重視的需求——這與每個人都是一樣的。**

對於好面子、愛爭勝的孩子，我不太需要去指正他們做了哪些不好的事情——點到為止就好，否則，他們會為了保有自己的顏面，否認到底，最後肯定談不下去。他們或許也知道這樣做會帶來反效果，但過去偶然的有效經驗，或者從成長環境中重要他人身上學習而來的替代經驗，都會限縮了他們在人際關係中的行爲選擇——只剩下「爭贏他人」這個選項。

人際關係的問題，得要回到人際關係中去解決。**而大人與孩子建立起穩定的關係，正在為孩子營造出另一個人際互動的場域，在安全且不受批判的氛圍下，重新感受與學習人際間的相處之道。**

過一陣子，某個中午時分，我在校園裡偶然見到這孩子與幾位同學一起抬餐盒，有說有笑，看來相處不錯。

改變，真的沒有那麼容易；但我知道，這孩子正在努力進步中！

心理師的悄悄話

嘴裡好爭勝的孩子，有著強烈想被關注、被肯定，甚至被重視的需求—這與每個人都是一樣的。大人需要設法觀察並找到一些他在人際互動中，展現對人體貼、關懷或主動協助的一面，設法肯定一番，同時直接表達內心的感覺：「我很喜歡你這麼做！」

18

一句話，治癒孩子的擺爛思考病

當你與孩子對話時，你的孩子常回你「不知道」嗎？

許多父母都抱怨，好好問孩子一些事情，孩子卻總用一句「不知道」帶過。我也常聽聞為師者的痛苦心聲，課前精心準備課程與教學內容，期待與學生能有良好的互動，但每當向同學提問時，臺下總是鴉雀無聲，若指定某位學生回答，孩子便吐出三個字：「不知道！」

用「不知道」一語帶過師長的提問，似乎是現代青少年的常態。有時候，真讓人摸不著頭緒，孩子們究竟是沒想法、不知道答案，或者，根本不願意思考，所以出現消極的思考態度——近乎擺爛。為方便說明，我把舉凡對思考與回答問題展現出來的消極態度，統稱為「擺爛思考病」。

除了「不知道」外，常見的還有「還好」「沒差」「都可以」……等極簡回應。

說「不知道」的保護功能

要拯救孩子的擺爛思考病，免不了要對這個現象深入探究一番。還是回到老話一句，**所有的行為都是有功能的，不是用來幫助自己更為提升，就是保護自己免受傷害。**

想一想，如果在一個公開場合，例如演講或會議上，裡頭最有權勢的人（通常是拿著麥克風的人）突然問你個問題，或邀請你發表意見，而你的腦中一片空白，同時，你發現自己手心冒汗、呼吸急促、肌肉緊繃，你試圖張開嘴，卻一個音也發不出來。我相信，你也會很想就把「不知道」三個字脫口而出吧！

因爲，說出「不知道」雖然等於什麼都沒回答，但也至少說了三個字，可以交差了。如果對方就此不再繼續追問，那更可以藉此脫離險境。

所以，**「不知道」這三個字，確實具有保護功能，讓你免於繼續處在尷尬與煎熬的**

狀態中。對青少年孩子而言，更是如此。

如果說了會被罵，不如不說算了

青少年孩子很聰明，**當他們知道，回答大人的話很可能會受到批判時，他們就學到「少說比多說好，沒說比有說好」。但如果被要求不能不說時，「不知道」就成了讓師長即使惱怒也沒輒的防禦武器了。**

被批判？沒錯！大人總是很愛批評孩子的意見。於是，許多孩子便從一個原本好思考、愛發問、願意嘗試回答問題的孩子，成了將「沉默是金」奉爲圭臬的信徒。於是在青少年團體中，不輕易在課堂上對師長發表自己的高見，是孩子們的默契。

因爲講了被罵，沒講也被罵，那麼乾脆就說「不知道」好了。連帶著，也不需要去思考任何大人的提問了。久了，在大人眼裡，便成了思考態度消極，難以溝通的異星球動物。

其實，孩子只是陷入了**「認為講了一定會被批判→焦慮不敢講→被罵得更凶→更**

焦慮不敢講→放棄思考→說不知道帶過」的循環機制中。

如果你知道的話，那會是什麼？

幸好，擺爛思考病是有得醫的。關鍵在於大人的態度，你得表現出好奇、開放與絕對尊重的態度，讓孩子知道，你很想聽到他們的想法，同時，說錯話也沒關係，絕對不會受到批評。

光有這樣的態度還不夠，還得能問出好問題。

在我的實務經驗中，每當孩子說出「不知道」，我是不會就此放過的。我會接著問：「如果你知道的話，那會是什麼？」

這是一句神奇的話語，當我這麼問時，通常孩子們就會多少說點什麼了。**如果我想繼續鼓勵孩子說更多，就會接著問：「那還有嗎？」以及「如果你知道的話，那還會想到什麼呢？」我正在暗示他們能夠思考，對我的問題已經擁有答案，而且能夠表達得出來。**

這樣帶有假設性質的問句，之所以能夠促使孩子多思考一下，多表達一點，是因為對

孩子而言比較不具「威脅性」，同時傳達出一份「我相信你一定想得到」的期待，正能鬆動那些原本放棄思考或懶得思考的孩子的內在信念：「因為我想不到大人要的好答案，所以說什麼都是錯的。」

治癒擺爛思考病，大人的態度是關鍵

在晤談中，我常問個案，你有什麼感覺？個案常回答：「不知道」或「沒有感覺」。我會接著問：「如果你有感覺的話，那會是什麼？」

在我帶領的工作坊中，常會邀請學員做活動，像是畫圖，學員常說：「我不會做！」或「我不知道要畫什麼。」我會接著問：「如果你知道要畫什麼的話，你會畫些什麼？」

在授課過程中，我常會請學員分享自己的想法或見解。學員常說：「我不知道要說什麼。」我會接著問：「如果你知道要說什麼的話，那會是什麼？」

我也曾遇過好幾次，有學員舉手想問問題，但當站起來時，卻停頓了好一會兒，尷尬地說：「我忘記要問什麼了？」我也會接著問：「如果你知道你要問什麼的話，那會是什麼？」

說也奇怪，這句話一出，通常對方就能開口說話、分享意見，或者著手活動了。

當然，這句話雖然有一定程度的魔力，但**關鍵還是在師長的態度。若你能表現出好奇、誠懇與開放的態度，孩子通常感受得到，他們就會願意多說一點**。

而若孩子願意說點話了，你能繼續保持尊重，甚至肯定他所說的：「我聽到你說了……謝謝你願意告訴我！」孩子便學到，在這位大人面前說話是不會被責罵的，未來，則更可能積極表達，當然，連帶著就會啟動思考。

心理師的悄悄話

「如果你知道的話，那會是什麼？」這樣帶有假設性質的問句，之所以能夠促使孩子多思考一下，多表達一點，是因為對孩子而言比較不具「威脅性」，同時傳達出一份「我相信你一定想得到」的期待，正能鬆動那些原本放棄思考或懶得思考的孩子的內在信念。

Part 4

有成長的陪伴

在關係中長出因應挫敗的本事

沒有任何一個大人希望看到孩子受傷害。然而，經歷挫敗卻是難免，跌跌撞撞也是人生路上的必然。與其做足保護，不如讓孩子在挫敗中學習，彌足珍貴。那些能夠關關難過關關過，最有堅強韌性的孩子，往往與父母之間有著溫暖堅實的情感連結。父母要做的，就是穩定陪伴，予以適當引導，讓孩子感受到被肯定與支持，成長中的挫敗將會是一份禮物。

19

網路世界好危險？孩子說：「外面的世界更可怕！」

有一次，在前往一所學校演講的路上，我與來車站接送我的輔導老師閒聊。輔導老師告訴我，最近常接到一些家長的電話，提到他們的孩子整天掛在網路上，手機片刻不離手，感到很困擾。

討論到最後，家長總會拜託學校老師：「老師，你可不可以告訴他，不要再沉迷網路了，好歹也節制一點！」接著，家長雙手一攤地說：「我們當爸媽的講都沒有用，老師你來講，他或許會比較願意聽進去。」

當然，這是不可能的事！

這顯示出兩種可能性，第一，家長在孩子心中已經失去影響力。直白地說，父母與孩子的關係連結斷裂了，因此無法有效溝通。家長發現不管怎麼説，來硬的，來軟的，孩子就是不願意聽從。

第二，家長不願意當壞人。因為不想破壞親子關係，或避免出現親子衝突的火爆場面，於是要別人幫忙規範自己的孩子。看來，父母與孩子之間的關係是建立在表面和諧但脆弱不已的基礎上。

不管是哪一種，都凸顯出親子之間的關係連結出了問題。

成癮行為與關係連結

二〇一五年英國知名雜誌編輯約翰．海利（Johann Hari）在TED上的演講〈你對上癮的所有認知都是錯的〉，顛覆性地宣告，成癮行為主要是來自於生活中缺乏健康有意義的人際連結，人們在關係斷裂下開始對菸、酒、毒品等成癮物質產生連結，終至無法自拔。

這個觀點一推出廣受矚目，社會大眾開始正視成癮與人際關係之間的關連性。然

而，在此必須提醒大家的是，成癮行為背後的成因錯綜複雜，不是只有缺乏關係連結而已，但是關係連結仍是很重要的影響因素之一。

回到網路沉迷這件事情上，不論孩子沉迷的是網路遊戲、社群交友、色情媒體、購物拍賣、資訊下載……等，**如果長時間過度使用，且到了難以自我控制的地步，通常是在告訴我們，孩子可能在現實生活中遇到了無法因應的困境。**

沉迷網路是孩子用來因應生活困境的途徑

人們在遇到困境時，會很自然地企圖解決問題；若問題大到難以招架，便轉而去解決問題所帶來的痛苦。然而，因應痛苦的方式若不妥，往往會造成更多的困擾。

同樣的，當孩子在生活中遇到困難時，若無法被有效解決，他們也會努力尋求如何從困難所帶來的痛苦中解脫。通常，網路世界就扮演了這樣的角色。**在各種型態的網路活動中，孩子可以暫時忘卻現實世界的煩惱，包括：課業成績低落、受到同儕疏離、與父母的關係緊張、被身旁的人討厭輕視、親密情感上的失落，甚至莫名的壓力或情緒困擾**

……等。

同時，**在網路世界裡的活動又能充分滿足孩子現階段的基本需求，包括成就感、歸屬感、支配感、獨立自主以及對自我身心的可控制性等**。這些需求通常會與現實生活中正面臨的困境有關，或者說，當困境的出現使得某些需求無法再獲得滿足時。

於是，一個在現實生活中「孤單、寂寞、覺得冷」的孩子，一旦進入網路世界，逐漸發現這眞是個世外桃源，既能讓人感到溫暖，又會備受重視，同時還很有成就感，當然登入後就不想登出了。長時間投入其中，隨之而來的是父母師長的教訓，以及同儕關係的疏離，更加重了現實世界中那些「孤單、寂寞、覺得冷」的痛苦，孩子當然更渴望待在網路中而不願意出來了。

待久了，便依賴了。明知道這樣不對，再下去也不是辦法，卻怎麼也無法讓自己從網路世界中跳脫出來。就這樣，成癮了，戒不掉了！

此刻，師長大嘆：「網路世界眞是危險，害人不淺呀！」無助的孩子卻說：「外面的世界才可怕呢！」

斷網！移除了網路，受傷的孩子還剩下什麼？

如果你是父母師長，眼看著孩子就這樣向下沉淪，你會怎麼做？許多父母師長想到祭出限制網路使用時間，或者直接沒收網路的管制手段。既然軍紀渙散，當然要勤教嚴管呀！

問題是，你拿走了網路，那個孩子一直用來因應現實困難的途徑，他還剩下什麼？沒有了！除了現實生活中的困難依舊存在外，原來在網路世界中能獲得的成就感或歸屬感也一併被拔除了。此刻，孩子除了慌亂無措外，更多的是挫折與憤怒！

這下子，新仇加上舊恨，層層積累的情緒無處釋放，勢必得找到一個跟網路世界一樣能有效因應痛苦的途徑，於是逐步踏上了離家、輟學、陣頭、幫派、酗酒、吸毒、犯罪行爲等不歸路，又或者走向退縮、鬱悶、身心症狀、莫名病痛、自我放棄，甚至來到自我傷害的境地。

這麼說起來，**網路世界縱使有其巨大的吸引力與潛在的危險性，但比起酗酒、吸毒、犯罪或自我傷害，大概是所有令人擔憂的問題行為中最輕微的一項吧！**

一旦我們將網路或網路沉迷看成罪惡的深淵，群起撻伐時，便看不見孩子遭遇的困境，甚至把這些受傷的孩子推向了萬劫不復的地獄邊緣。

如果，我們將網路沉迷看作是了解孩子遭遇問題的途徑或指標時，我們便知道，真正該給予協助的，不是網路過度使用的行為本身，而是孩子遭遇的困境，以及長期未受滿足的心理需求。

每個人都期待擁有更美好的明天，誰會甘願如此自甘墮落？那些現實中的困境若沒被有效協助，栽進網路世界中可能就是孩子心中「更美好的明天」。

耐心等待，與孩子重啓連結吧！

回到實務面，當孩子嚴重網路沉迷到了難以自我控制時，該怎麼辦呢？

家長面臨的困境是，我也想幫助孩子解決他現實生活中的困難，但孩子的心思全在網路中，難以溝通，怎麼辦？不難理解，**你們之間的連結斷了線，不論你說什麼，說得再大聲，他都聽不見**。而且講多了，孩子還會暴躁易怒，嚴重時甚至還有肢體反抗。

冰凍三尺，並非一日之寒，只能請你做好長期抗戰的心理準備了！耐心點，你得與孩子慢慢磨。**你的目標很明確，就是「重新與孩子連上線」，一點一滴地修復那原來衝突或冰冷的親子關係**。

孩子再怎麼沉迷網路，也不會一天二十四小時都掛在上面。**當他離開網路回到現實生活時，請把握機會，與孩子進行有品質的談話**。只要你能與孩子有品質地對談十分鐘，孩子就會減少在網路世界裡十分鐘。若你能逐漸與孩子討論到他遭逢的困境，讓他感受到被理解與被支持，甚至，他能在你這裡體驗到歸屬感或成就感，滿足他一直感到匱乏的心理需求。慢慢地，他會發現，原來外面的世界並不總是令他孤單、寂寞、覺得冷，也有溫暖的時刻。

幫助孩子不再「迷網」，是個漫長又辛苦的過程，但只要方向正確，終究會看到曙光的。夕陽西下，外頭的天色逐漸昏暗。我按下存檔鍵並關閉電腦，步出書房。我知道，此刻比掛在電腦螢幕前更重要的事，正是陪伴身旁的家人。

心理師的悄悄話

如果，我們將網路沉迷看作是了解孩子遭遇問題的途徑或指標時，我們便知道，真正該給予協助的，不是網路過度使用的行為本身，而是孩子遭遇的困境，以及長期未受滿足的心理需求。

20

人生難免有挫敗，如何幫助孩子轉化負面經驗？

文文是個小學二年級的孩子，去年暑假，母親幫他報名參加游泳班。第一次上課之後，文文回家向母親抱怨：「媽咪，游泳班的教練好凶，有話不好好講，都要用罵的，妳可不可以請他溫柔一點？」

母親安慰他，要他明天再去試試看。第二天，文文從游泳班回來後，放聲大哭：「媽咪，我不要去學游泳了啦！游泳教練好凶、好凶，我不喜歡！」

母親隔天與文文一同去游泳班，並在旁邊觀看。果然，教練的嗓門很大，動不動就罵人，孩子們個個都繃緊神經。下課後，文文的母親前去找教練溝通，請他能否對小朋友說話溫和些，教練表示會調整。

文文雖然吵著不要再去學游泳，但在母親的勸說之下，仍硬著頭皮把五堂課上完，同時也學會了換氣。

但是，在那次之後，每當母親要幫文文安排任何才藝活動，文文都一口拒絕。文文認定母親幫他報名的任何課程，一定都不好玩。

母親傷透腦筋，希望文文多去接觸不同的才藝活動以自我探索、培養興趣，但文文卻不願意踏出家門參加任何課程或活動，該怎麼辦才好？

避不掉的人生苦痛，只能勇敢面對

這是一位苦惱的母親私下與我討論的問題。很顯然，**孩子在暑假的游泳課中，經歷了不舒服的體驗，同時將種種負面情緒與母親連結在一起，認為自己參加游泳課會那麼痛苦，都是母親害的，於是拒絕母親後續的其他安排。**

每一個人在成長的過程中，難免會遇到一些挫敗、驚恐或不愉快的經驗，若無法有效轉化，常會在未來遇到類似情境時，採取逃避的方式去因應，這是一種自我保護機制。儘管大人可以幫助孩子盡量將成長過程中，大大小小可能造成負面經驗的元素移開，但人生的挑戰一重又一重，即使現在沒有遭遇到，未來還是可能會出現。**與其讓孩子在溫室中長大，不如讓孩子順其自然地經歷一些痛苦，並學習在痛苦中成長**。

當孩子經歷了一次負面經驗，例如：考試挫敗、輸掉比賽、被背叛、受到不公平對待……等，父母師長該如何幫助孩子轉化經驗，一方面讓痛苦的情緒能夠獲得安慰，另一方面從事件中學習、成長並提升？

我的經驗是，**從「同理心」與「正向聚焦」兩個層面出發，進行回應與探問**。

運用同理心引導孩子關注自身的情緒狀態

在上述例子中，我會建議母親，可以找個時間與孩子認眞地討論之前游泳課的負面經驗。首先，聚焦於孩子的內在感受，包括對游泳教練、學習游泳本身，以及對母親的感受。可能的對話如下：

母親：「媽咪要你去學游泳，文文很氣媽咪嗎？」

文文：「都是媽咪不好，害我學得很痛苦，我以後都不去學任何東西了！」

母親：「難怪文文生媽咪的氣呀！」

母親：「我一直聽你抱怨教練很凶。當教練很凶時，你覺得很害怕吧？除了害怕之外，還有其他感覺嗎？」

文文：「我一直很緊張，很怕犯錯呀！要是做錯動作，就會被他吼，好可怕！」

母親：「感覺很緊張、很害怕呀！那麼，當教練很凶時，你都怎麼辦呢？」

文文：「我就很努力練習，把動作做對呀！」

母親：「可是文文很害怕，不是嗎？」

文文：「對呀！其他小朋友也很害怕。」

母親：「文文有發現其他小朋友也害怕呀！文文很細心呢！」

通過正向聚焦幫助孩子見證自己的努力

同理心可以透過核對式的提問，或者直接說出孩子的情緒感受等方式表達。**在這個過程中，母親完全專注於孩子的內在感受，不帶有任何說理或建議**。讓孩子有機會充分表達自己的情緒感受後，再進行正向聚焦的回應。可能的對話如下：

母親：「文文，我很好奇，你覺得教練好凶、好可怕，但你仍然把五次課程學完了，你是怎麼做到的呢？」

文文：「是妳一直叫我去的，說什麼錢都已經繳了啊！」

母親：「你很聽話，媽咪很感動。雖然是我要你去的，但也要你願意去啊！我看到你堅持地把課上完了，真是不簡單。」

文文：「還好只有五次課，不然我一定會瘋掉。」

母親：「我看文文在那次游泳課中學會了換氣，是嗎？」

文文：「對，還可以用蛙式游一小段。」

母親：「我很好奇，文文是如何在這麼短的時間之內，學會換氣和蛙式的？雖然只是一小段。」

文文：「就一直認眞練習啊！」

母親：「我更好奇的是，文文是如何在教練這麼凶，心裡這麼害怕的情況下，還能把這些很難的動作學好？」

文文：「嗯……我就不理教練罵什麼，拚命練習就是了！」

母親：「哇！我也很想知道，文文究竟是用了什麼方法，可以『不理』教練很凶的責罵，專心練習的？可以告訴我你的訣竅嗎？」

文文：「哈！我把他轉成靜音了……」

母親：「轉成靜音？」

文文：「對呀！就是用遙控器把教練的聲音轉成靜音模式啊！」

母親：「哇！哈……好厲害的方法耶！媽咪很佩服文文喔！即使教練這麼凶，還願意堅持把課上完，眞的很勇敢。而且，文文還可以想辦法專心學習，還學會了換氣和游一段蛙式，眞的很有一套呢！文文還有看到哪些自己很不簡單的地方嗎？」

透過正向聚焦在孩子做得很好的經驗上，特別是面對困境時的態度，讓他透過回憶與表達，見證自己的努力與成果，讓孩子知道自己確實有辦法面對這種令人不舒服的壓力情境。同時，進一步地從自己付出的努力中，學習因應之道，讓成功經驗得以被複製。

任何打不倒我的，都使我更強壯

年幼的孩子面對強大的負面情緒經驗，有時候尚未擁有足夠的內在力量去因應，這些負面經驗與記憶便可能轉換成類似創傷的形式，在未來類似的情境中，再度出現各種樣態的壓力反應。**但若在大人的協助下，負面情緒可以被承接住，內在感受被充分理解，同時將這些負面經驗轉化為成長與學習，就能藉此強化個人的內在力量，未來面對類似情境時，孩子將更加相信自己有能力去因應。**

然而，如果孩子遭遇挫敗或負面情緒經驗時，大人只是不斷地責怪他們軟弱，要求他們振作、勇敢，或者說大道理，或者過度保護，不讓孩子再有機會接觸類似挑戰，這些都無助於孩子的成長。

哲學家尼采曾說：「任何打不倒我的，都使我更強壯！」人若能在苦痛中學習，便能更加強壯，生出足以因應下一個人生挑戰的力量。父母能做的，就是透過轉化經驗，幫助孩子擁有更強大的內在力量。

心理師的悄悄話

儘管大人可以幫助孩子盡量將成長過程中，大大小小可能造成負面經驗的元素移開，但人生的挑戰一重又一重，即使現在沒有遭遇到，未來還是可能會出現。與其讓孩子在溫室中長大，不如讓孩子順其自然地經歷一些痛苦，並學習在痛苦中成長。

21

當孩子不被允許長大時……

在我從事心理助人的生涯中，總會遇到一些不被允許長大的孩子。

他們的父母常在嘴裡說著：「要是你能成熟點就好了！」但實際上卻過度保護，不敢讓孩子放手嘗試與做決定。不過，也有些父母自身處於不夠成熟的心理狀態中，因而無法放手讓孩子長大。

前一陣子，有位母親前來諮詢孩子的狀況。她告訴我，兒子上了國三之後，尤其是會考前夕，時常情緒失控，在母親面前暴怒並口出惡言。

我相信，事出必有因，孩子對父母出現激動情緒反應，通常隱含著固定的模式，一定與某些事有關。於是我進一步問，孩子說話不客氣，都是為了什麼事情呢？

沒跟上孩子成長腳步的父母

母親說：「這孩子曾說，如果能考上第一志願就要去念。我希望他留在家裡附近的社區高中升學就好，沒想到他就生氣了。」

「有一次，我們又談起這個話題，他說，他覺得最近的讀書狀況不好，很擔心自己考不上第一志願。我告訴他，考不上沒關係呀！留在家裡念附近的社區高中就好。沒想到，他竟然很生氣地回應我：『媽！爲什麼妳都不信任我呢？』」

母親嘆了口氣說：「我怎麼會不信任他呢？我知道他有這個實力，我只是希望他別這麼勉強自己……」說著說著忍不住掉下淚水，啜泣著：「這孩子以前不會這樣的，他很貼心，也常撒嬌，我們感情很好的……」

我同理地問道：「妳是不是一時很難接受孩子長大了！」

「什麼？」她似乎沒能理解我的話。

我接著說：「一個孩子會對自己的父母怒氣沖沖、說話不客氣，通常是心裡有些期待或要求不被父母贊同，或難以被父母理解，才會心急地講話越來越大聲、越來越用力。他們的目的只是設法讓父母聽懂，甚至獲得認同。這是一個孩子開始邁向獨立自主常見的現象。」我停頓了一下，繼續說：「而你們發生衝突的導火線，好像也跟這個有關。」

母親點點頭，一邊掉淚一邊說：「我光想到市區這麼複雜，孩子長時間待在那裡，眞的很不放心。你想一想，一個孩子還那麼小，就得離我這麼遠……」原來，母親不希望孩子就讀位在市區，每天必須花很多時間通勤的明星高中，只是希望將孩子留在自己身旁。而孩子抱怨母親不夠信任他，其實只是想告訴母親：「放心吧！我有能力勇敢飛出去！」

我打斷她：「妳能將孩子留在身邊多久？高中畢業後，還是得出去外地讀大學的。」母親說：「是呀！我知道，孩子也是這麼跟我說的。」

在這位母親的心裡，孩子似乎還停留在國小那個既可愛，又與父母十分親暱的階段。也就是說，孩子一天一天長大了，但大人卻沒有跟著一起長大。

不讓孩子長大，父母才能保有安全感

父母沒有跟著孩子一起長大，或不願意看到孩子長大，或打從心底不允許孩子長大，這些狀況通常與父母自己的心理狀態有關。**父母在成長過程中，因為某些原因（通常與來自原生家庭的情感創傷有關）而在情感連結上有很大的恐懼與不安全感，到了成人後仍無法有效化解或處理時，便可能透過「不允許孩子長大」來照顧父母本身的心情，此刻的大人，**是處在一種尚未充分成熟的心理狀態中。

於是，大人會希望孩子永遠停留在最貼心與聽話的年紀。如此一來，孩子就可以永遠陪在父母身邊，父母就不會經歷到分離的痛苦了。當孩子一直處在年幼階段，父母便需要一直擔心與照顧孩子，在這過程中，父母便能感受到自己時時刻刻被需要，進而證明自己的價值。

因此，一想到孩子長大後便要離家、獨立，不再需要依賴時，父母便會焦慮不安，於是在心理上拒絕與孩子一同成長。直到有一天，當孩子出現對立反抗的聲音，父母先是受到驚嚇，接著是完全無法接受。

走鐘的孩子，原來是要維繫父母的感情

當然，也有一些孩子，爲了照顧父母在情感上的不安全感，以及內心的恐懼、匱乏或不安，會讓自己的行爲退化，永遠以一個稚齡的面貌與父母互動。

我曾遇過一個大學生，念了一年大學便因爲出現精神症狀而休學在家，這讓父母及家人感到很頭痛，復學之路遙遙無期，又不敢給他太大壓力。

但事實是，他心裡面一直惦記著母親的聲音：「要不是因爲你，我早就跟你爸離婚了。」於是，他不斷在內心深處提醒自己，自己是維繫父母婚姻與感情的重要關鍵。爲了保全父母的婚姻，他必須留在家裡。所以，他的身體透過發病或在課業學習上失敗，讓他名正言順地回到家裡。試圖以這種方式來照顧父母，甚至想幫助父母解決問題，讓這個家不至於分崩離析。

這也是一種家人之間愛的連結，只不過卻是帶來痛苦的連結方式。

自己的人生自己照顧

生命系統永遠是往前進的。當下一代耗費了太多力量在上一代身上，便會使系統中的每一個成員都處在痛苦之中。**一個不被允許長大的孩子，目光的方向便是往後的，看到的都是父母的需要，而無法把自己的人生活好，這正好讓父母有了擔心的理由，就更不能讓孩子獨立自主了。**

因此，父母必須有著自覺，上一代的任務便是支持下一代成長茁壯，讓生命系統有效延續。**當父母不願意孩子成長獨立，這份訊息也很容易被孩子接收到，為了與父母保持情感連結，也會不允許自己長大。**

我們在成長過程中，難免會遭遇一些與情感連結有關的受創經驗，深刻影響到成年後的情緒與人格發展。然而，這必須由自己負起責任去面對與處理。**當你知道自己可能是個壞掉的大人時，請負起自**

> **心理師的悄悄話**
>
> 父母必須有著自覺，上一代的任務便是支持下一代成長茁壯，讓生命系統有效延續。當父母不願意孩子成長獨立，這份訊息也很容易被孩子接收到，為了與父母保持情感連結，也會不允許自己長大。

我維修的責任吧！如此，你才能確保孩子健康成長，邁向成熟，而不會成為下一個壞掉的大人。

22

是禮物，還是惡夢：該不該讓孩子經歷挫敗？

有句老話說：「失敗為成功之母。」你認同嗎？

過去，我在學校裡擔任輔導教師，辭去教職後，我成為諮商心理師，同時也在各處做著家長支持的工作，常被徬徨的家長問到一些問題。

有位母親問我：「我的孩子從小熱愛藝術創作，也頗具天分，老師推薦他去參加比賽，他也想參加，但我很猶豫。我擔心萬一比賽失利，他會因此失去對繪畫的熱情，怎麼辦？」

有位父親問我：「該讓孩子就讀市區的明星高中，還是家裡附近的社區高中？孩子每天往返市區，耗時費力，又怕發生意外，更擔心通勤途中在外流連，交到壞朋友，我是不是就讓孩子留在家裡附近的學校念書就好？」

有位母親問我：「我的孩子剛升上國中，在班上一直沒有交到朋友。我擔心他會被排擠、邊緣化，我是不是應該幫他辦理轉班或轉學？」

有位父親問我：「我應該幫我的孩子暫停安親班裡的全美語課程嗎？他沒什麼基礎，在那裡總是鴨子聽雷，每天都感到很沮喪！怎麼辦？」

如果成長中的挫敗經驗避免不了……

這些問題都沒有標準答案。**但可以想見，大部分的父母都心疼孩子遇到困難，想方設法讓孩子避開可預期的挫敗——即使人們多認同「失敗為成功之母」**的道理。

演變到最後，便會過度代替孩子做決定——是否補習、如何安排課餘時間、結交哪些朋友、升學選擇的方向、金錢的使用方式……等。**問題是，如果這些成長過程中的挫敗經驗，是孩子無法完全避免的呢**？

或許，我們該問的是：「如果挫敗避免不了，該如何支持孩子去因應挫敗？」

孩子是否會被成長中的挫敗擊垮，與挫敗本身的性質、強度及持續的時間有關，也與孩子本身的心理素質有關。我們無法預期或控制什麼樣的挫敗會找上門，但我們能卻能透過幫助孩子提升心理素質著手。

逆境童年經驗對身心健康的衝擊

一九八〇年代起，美國的醫學與公共衛生學界開啓了一波逆境童年經驗（Adverse Childhood Experience）的研究，許多臨床工作者不約而同地發現，**童年時期遭逢的重大逆境，如遭受性侵、虐待、疏忽照顧或者處在喪失功能的家庭環境中，會直接衝擊到一個人的身心健康**。首當其衝的就是學習功能，同時出現一系列的情緒困擾、精神疾病、自我傷害或犯罪行爲，以及影響免疫系統及內分泌系統，提高肥胖、糖尿病、心血管疾病或癌症的風險。

這波研究喚起了人們對於兒童時期成長經歷的關注，世界先進國家都致力於避免讓孩子暴露在各種嚴重的危險環境中。然而，這波研究也發現，**當一個人不可避免地經**

歷一些成長中的創傷時，若身旁能有一位或多位提供穩定支持的成人，便可以有效緩衝逆境經驗帶來的衝擊。

關於創傷與壓力的研究發現，當一個人處在嚴重挫敗、壓力事件或傷害中，身體會啓動一系列的應急反應，包括逃亡、戰鬥、凍結或癱瘓等，此時，**我們的大腦透過這些原始的本能反應保護自己，小命保住了，但後遺症便是形成創傷記憶，未來當再度遭遇類似情境時，相同的反應便會再度被喚起，即使這個情境已經不再能對我們造成威脅了**——「一朝被蛇咬，十年怕草繩」就是這個道理。

大多數的孩子生長在功能健全的家庭中，即使沒有經歷虐待、疏忽照顧等困境，環境中仍存在著許多會衝擊孩子身心健康的風險。例如，不愉快的同儕相處經驗、課業學習挫敗、來自家人的高度期待與壓力、身材外貌不如人、時常遭遇批評指責……等，這些幾乎是無法避免的事件。

成人的穩定支持減緩挫敗經驗的衝擊

有些孩子經歷一次挫敗就高舉白旗投降，從此一蹶不振；但有的孩子卻能成功挺過逆境，並且越挫越勇。是什麼造成前後兩者的差別？這很難說。但可以確定的是，**當身邊有個始終溫暖關懷，願意提供支持與理解，總能傳達出信任與正向期待的成人，是孩子在遭遇困境時，仍然能夠爬得起來繼續向前的關鍵因素。**

而這個穩定存在的成人，最好由其父母來擔任。

我從實務經驗中不斷觀察到，**那些最有心理韌性與復原力的兒童或青少年，往往與他們原生家庭的主要照顧者（也就是父母）之間，有著溫暖穩定的關係連結。**關係連結越穩定，相處氣氛越融洽，孩子內心的安全感越豐足，他們的身心也會持續處在穩定的狀態中，當逆境來襲時，便能夠沉著應對，當然不會輕易被挫敗擊垮。

一個人在面對困境或挫敗時，只要能讓自己維持在一定程度的身心穩定狀態中，大腦掌管理性分析、邏輯批判、做計畫與做決定功能的前額葉皮質便會正常啟動，能想出更多辦法來因應困境，同時也能夠從挫敗中汲取教訓，獲得學習與成長。**此刻，他**

不但成功因應困境了，同時還超越了困境。

下一次當類似的挑戰來臨，他會更加胸有成竹，也更有信心去面對更加艱難的挑戰。**挫敗對他而言，就是一份人生中的禮物。**

那些容易在挫敗中被擊垮，甚至未戰先敗的人，他們的周遭往往缺乏穩定安全的人際支持系統，尤其是與父母關係惡劣、衝突不斷，或者不被重視，感受不到信任與支持。**更多的時候，當孩子遇到困難時，父母不給予安慰或鼓勵就算了，還扮演著「落井下石」的角色，予以批評、指責、怒罵及負面評價。**

「連這一點小事都做不好，你到底有沒有在用心呀？」

「成事不足、敗事有餘，眞懷疑你到底是不是我的孩子！」

「用你的大腦想一想好不好？眞是氣死我了！」

「你眞的很令人失望，我們家的臉都快要被你丟光了！」

「下次再這樣，你就走著瞧！」

這樣的話語，很容易把正經歷挫敗的孩子的身心狀態，從穩定推往波動或失調的一方，而處在持續且過大的恐懼、焦慮、自責、惶恐、無助或憤怒等情緒之中。因爲此刻大腦前額葉皮質是類似「當機」的狀態，根本無法理性思考、分析局勢，並做出更好的決定去解決問題。

即使每次的挫敗經歷都不是很嚴重，但長久累積下來，也會形成創傷記憶與反應，而在未來面對類似或更嚴峻的挑戰時，內心便會匱乏無力，甚至直接放棄，不再願意嘗試。此刻，挫敗對他而言，是如惡夢一般的存在。

是禮物或惡夢？父母的態度是關鍵！

做爲父母的我們要幫助孩子提升心理素質，增強面對挑戰的韌性與面對挫敗的復原力，穩定的支持是不可少的，**若是平時就與孩子有著溫暖信任的關係，就已經幫孩子有效因應挫敗打下良好的根基了。**

成長中的挫敗，對孩子究竟是禮物還是惡夢，取決於家長扮演著什麼角色。你可以處心積慮不讓孩子經歷挫敗，看似保護孩子，但也剝奪了孩子從失敗中學習與成長的機會；然而，把孩子獨自一人丟在險惡的情境中，對孩子的處境不聞不問，甚至落井下石，看似磨練孩子，卻可能讓身心還未完全成熟的孩子被困境打倒，再也站不起來。

重點不是經歷挫敗對孩子好不好，因為挫敗總是避免不了。那麼，**就陪伴孩子去經歷可能的挫敗，讓孩子在感受到高度的安全與支持下，開啟自己的智慧去判斷、去面對問題，同時學習與成長。**

心理師的悄悄話

當身邊有個始終溫暖關懷，願意提供支持與理解，總能傳達出信任與正向期待的成人，是孩子在遭遇困境時，仍然能夠爬得起來繼續向前的關鍵因素。而這個穩定存在的成人，最好由其父母來擔任。

23

五個步驟，陪伴孩子長出因應挫敗的本事

雖說「人生不如意事十常八九」，但是「最好一件也別發生在我的孩子身上」。有可能嗎？大概很難。我常遇到很多焦急的父母，向我分享孩子在學校裡遇到的困境，問我該怎麼辦？

「我該幫孩子去向學校老師溝通一下嗎？」

「我該幫孩子去跟欺負他的同學說一下嗎？」

「我該幫孩子安排去參加課後補強的課程嗎？」

「我是不是該勸我的孩子放棄這次機會好了？」

「如果讓孩子轉學是不是比較好？」

常常，家長們早已心有定見，只不過是想找人確認一下自己的做法而已。

比解決問題還重要的事情：因應問題

但是，我常會說，不要急著出手幫孩子解決問題。爲什麼？

第一，你能確定你的解決方案是最好的嗎？有很多我們大人自以為能幫上孩子的方式，對孩子而言卻是越幫越忙。

第二，當你在最短時間內，幫助孩子剷除當前的困境，也同時移走了孩子從困境中學習的機會。

人遇到了困難會設法去解決，這是很自然的事情，但如果是解決不了的事情呢？我始終覺得，比起解決問題更重要的，是能「因應問題」。**所謂因應問題，就是知道當前的困境並非一時半刻能夠移除，但仍有勇氣去面對，並能與困境共處，最終從中學習與成長，甚至超越困境。**

換句話說，**若能在不危害自己或他人生命安全的前提下，讓孩子在挫敗中學習與成**

長，這比起讓他一帆風順地長大，還要可貴。

讓孩子感受到力量的陪伴

關鍵就在「陪伴」這兩個字。允許孩子用自己的方式去面對難題，只給予情感上的支持和鼓勵，非必要不過度干涉，背後的信念是：「相信孩子自有面對困難的能耐。」

舉個常見的例子，孩子回到家，板著一張臭臉，說：「班上同學不喜歡我！上課分組都不願意跟我同組……」聽到這裡，你會怎麼做？

「孩子，別擔心，我會處理！」接著一通電話打去給導師說清楚、講明白。或者，第二天一早衝到學校去向同學興師問罪。你會這麼做嗎？小心，你可能正在幫倒忙，同時也剝奪了孩子自己面對困難與解決問題的機會。

如果你是靜下來，問問孩子：「怎麼啦？」「發生了什麼事？」「我想多了解一點」然後不帶評判，就只是聽聽孩子怎麼說，接著同理孩子的情緒：「我知道遇到這件事，你感到很難過、很委屈。」最後詢問孩子：「那麼，你覺得，怎麼辦才好呢？」聽聽孩子想要怎麼面對這個問題。那麼，**這個過程本身，就已經發揮陪伴的最大功能——帶給孩子繼續面對問題的力量。**

陪伴孩子因應挫敗的具體途徑

身為父母，請堅實地相信一件事：「孩子自有其面對問題的能耐。」因此，大人要做的就是繼續給出支持，讓孩子感受到更多力量。具體而言，當孩子遇到困境時，家長可以透過以下途徑陪伴孩子更有力量地因應問題。

❶ 傾聽孩子的處境：「發生了什麼事？」

一個正在困境中奮力掙扎的人，是很希望被看到、被關心的。這時候，家長只要用溫和的口吻問道：「怎麼啦？」「發生什麼事了？」「可以多說一點嗎？」「我想要知道多一點，好嗎？」引導孩子把事情的來龍去脈說出來。但過程中就只是聽，不評價、不說道理。**記得，孩子最不需要聽到的，就是一道又一道「你該怎麼做」的建**

議。收起這些想幫孩子解決問題的意圖，只要傾聽就好。

❷回應孩子的情緒感受：「這一定很難受吧！」

聽了這麼多，當然不可能什麼都不回應。首先，也最迫切的，就是回應孩子在這個困境中的情緒感受，像是：「我知道，你一定很難受吧！」「心裡很委屈吧！你一定很希望同學能理解你。」「你已經很努力了，結果卻還是如此，一定充滿無力感吧！」「光是坐在座位上，就一定感覺很煎熬吧！」**用同理的態度說出孩子的情緒感受，讓孩子感受到被充分理解，進而建立起關係連結。「知道有人懂我」這個念頭，本身就能產生力量。**

❸詢問孩子的解決方案：「那麼，你打算怎麼辦呢？」

接著，多問一句話：「那怎麼辦呢？」「接下來，你會怎麼做呢？」也就是，讓孩子自己說說他面對問題時的因應策略與想法。只是，許多大人在聽了孩子的解決方案後，便忍不住大肆批評：「這樣行不通啦！」「難怪你會一直被困住！」接著滔滔不絕地說起各種自以爲高明的方法，往往令孩子更感挫敗。

家長要做的，是理性地與孩子討論，他所提出的解決方案中的利弊得失，該如何落實，怎麼做會更好。有時候，在這樣的討論下，會迸出意想不到的火花。

❹ 肯定孩子因應問題的過程：「你是怎麼做到的？」

當然，孩子也可能雙手一攤，告訴你：「我不知道！」或者回答：「問題不可能被解決的。」這時候，家長可別急著信心喊話。請帶著好奇詢問孩子：「你是怎麼撐下來的？」「即使壓力這麼大，你仍然願意去面對，你是怎麼做到？」

我們開始將回應的焦點，放在孩子因應問題的「過程」中（有別於「結果」，也就是，問題是否被成功解決了？）那些「不簡單」與「難得」之處，目的是在讓孩子見證自己因應問題的能力，同時，也傳達出一份信任：「我相信，你是做得到的！」

這是在陪伴孩子因應挫敗時，最強大也最不容易做到的回應方式。但家長若願意透過一再地練習，便會發現，總有辦法給出孩子一些肯定：

◎ 肯定孩子沒有放棄。

◎肯定孩子願意面對。
◎肯定孩子的求助行爲。
◎肯定孩子的積極態度。
◎肯定孩子願意採取行動。
◎肯定孩子想要解決問題的企圖。
◎肯定孩子的體貼。
◎肯定孩子的投入心思。

❺感謝孩子的信任：「謝謝你願意告訴我。」

「謝謝你願意告訴我」是句充滿魔力的話語。當孩子願意開口把心事告訴父母，正代表著對父母的信任，否則他大可以自己悶著頭去面對困難就好，何必對大人示弱。所以我們需要先感謝孩子對我們的信任，讓孩子知道我們感到被在乎，覺得自己是重要的。

尤其是面對那些常講「不知道」「沒差」「還好」或拒絕溝通的孩子，要重啓連結與

對話的途徑之一，就是當孩子願意多表達一點時（就算是說「不知道」也好），立刻回以「謝謝你願意告訴我」這句話，往往會讓孩子願意與我們分享更多。

「發生了什麼事？」

「你一定很難受吧！」

「那麼，你打算怎麼辦呢？」

「你是怎麼做到的？」

「謝謝你願意告訴我！」

時常表達這五句話，便能在陪伴孩子因應困境的過程中，讓孩子感受到來自父母滿滿的愛與支持，即使害怕與無力，也願意堅持下去。

你學起來了嗎？

心理師的悄悄話

比起解決問題更重要的，是能「因應問題」。所謂因應問題，就是知道當前的困境並非一時半刻能夠移除，但仍有勇氣去面對，並能與困境共處，最終從中學習與成長，甚至超越困境。

24

不是孩子思想偏差，是你無法認同：如何回應「比較特別」的觀點？

身為家長，你是否常遇到孩子有些偏執或怪誕的想法，你勸也勸不聽，講也講不動，孩子就是這麼想，甚至準備這麼做，你拿他一點辦法也沒有？特別是，當孩子進入青春期，就會不斷向父母出招，你們的對話會像是：

「我不想念書了，念再多也沒有用！」

「不念書，那你要做什麼？」

「做網拍、網紅都好呀！不然當電競選手，現在這個正當道。」

「你好歹也要念到大學畢業，這是基本學歷了。」

「學歷有什麼用？現在大學生失業的一大堆。」

「……」

講到這裡，你已經想拿出藤條了！又像是，你的孩子總是跟一些「不太正經」的朋友混在一起，你告訴他，不是不准他交朋友，可是與那群人出去很容易惹上麻煩，早日遠離他們才是上策！

孩子回答你：「他們又沒有犯法，也沒有做什麼壞事，你們為什麼要對他們這麼有意見？而且我已經長大了，我會保護自己，你們不要老是以會不會讀書作為交朋友的標準，我跟他們一起出去玩很開心呀！」

孩子說得理直氣壯，你只能搖頭嘆氣：「這孩子怎麼『走鐘』了？」

孩子是否接受你的觀點，在於是否信任你這個人

我不喜歡用「偏差」或「錯誤」來形容孩子的思考模式，**很多所謂的偏差觀念只不過是非主流，或不被大人世界所認同，不一定就是「錯」的**。孩子們的某些想法只不過是比較「獨特」罷了。

遇到這樣的情境，**如果你試圖向孩子分析利弊，搬出仁義禮智的大道理，目的在說服孩子，終究會招致更頑強的抵抗。因為，人為了證明自己的獨立性，會設法捍衛自己的觀點**。於是，你們的爭辯只會沒完沒了。這在青少年身上，更爲明顯。

有句話說，**家裡不是講道理的地方**。在某種程度上，我是蠻贊同的。因為，**如果孩子長大了還願意接受你的某些觀點，那並不是因為你說的多有道理，而在於孩子願意信任「你這個人」**。

更精確一點來說，**家裡是「先談感情，再講道理」的地方，而信任感來自於穩固的關係，也就是人與人之間的情感連結**。

那麼，你一定很想知道，什麼樣的人會讓青少年孩子信任，甚至信服呢？

第一，是教主型人物，就是夠酷、夠炫、夠新潮、與眾不同。青少年孩子追求的就是特立獨行，這類的典範人物出現在眼前，很難不吸睛。當然，從他們口中說出的話，全是金玉良言。

不過，時尚教主終究有過時的一天，孩子對他們的信任也常只是短暫的。**能讓孩子**

長期信任的人，還有一個特質，就是當孩子與他們互動時，會感到舒適自在——要不是被充分理解，就是感覺到內心充滿力量。

被充分理解，是「有人懂我」的感覺，滿足了歸屬感的需求；內心感受到力量，是「我是有價值的」的感覺，滿足了自尊的需求。對青少年而言，這兩者「超級重要」。

當孩子長大了，你也老了，你不再是孩子們崇拜的超人或英雄。你只能當個陪伴者，讓孩子與你相處時能被充分理解，且深感力量。當然，這免不了要下點功夫。

五個步驟與孩子交換觀點，理性討論

有了這些基本認識，當孩子有著一些你無法認同的觀念時，該如何面對與回應，甚至有效引導呢？

❶ 善用探問引導，聽聽孩子怎麼說

不論孩子怎麼想，請先放下「偏差觀念」這樣的標籤，**試著去理解孩子與你不同的**

想法背後，有些什麼考量？發生了什麼事？經驗到了什麼？或者，遇到了什麼困難？

大人可以帶著好奇，透過一連串的探問：「怎麼說呢？」「會這樣想，一定有你的理由吧！可以與我分享嗎？」「最近發生了什麼事，讓你有了這個想法？」「你這麼想多久了？從什麼時候開始的？」去深刻理解孩子。

記住，**語氣保持和緩，才不讓人有著「被盤問」的感覺。而當孩子陳述時，只要靜靜地傾聽就好了**。這麼做，一方面能幫助你蒐集到更多與孩子有關的訊息——通常是孩子遭遇到困境了；另一方面，孩子也能感受到被大人充分理解。

❷ 把問題還給孩子，讓孩子告訴你他的計畫

接著，一樣保持溫和的態度，問問孩子：「那麼，接下來，你打算怎麼做呢？」提出各種假設問題，讓孩子去思考：「如果發生了這樣的事情，你會怎麼辦？」「如果結果不如你的預期，你會如何因應呢？」

別忘了，這麼問仍是在理解孩子的想法，而不是在潑孩子冷水，更不是傳達出「看衰你」的訊息。這麼做的用意，是**幫助孩子在心平氣和之下，更縝密地思考自己想**

法的合理性，增進自我覺察。所以，不評價、不否定、不給建議、不講道理，是最高指導原則。

❸ 將回應聚焦在情緒感受

很多時候，孩子獨特想法的背後，常是因為生活中遭遇困境，而期待被關注與理解。

像是，不想去上學的孩子，常是在學習過程屢遭挫敗，無力感持續累積，或者在學校裡有著不愉快的經驗。又像是，喜歡與「不正經」的朋友耗在一起的孩子，可能是在學校裡不受歡迎，交不到知心好友，或者在家中感受不到肯定與支持。

此刻，大人便可以將回應的焦點，放在孩子身處困境中的情緒感受上。例如：「我知道你在讀書學習上一直感到很無力。」「你很擔心功課一直沒起色，會令我們失望。」「你一直覺得很孤單，不被理解，是嗎？」

通常，**孩子的某些想法看似不切實際或荒唐無理，事實上是在傳遞出內心深沉的無力、委屈、挫敗、不安、恐懼或生氣。**

❹ 說出孩子內心的需求

躲藏在情緒背後的，是一個人內心深處的需求。例如，人爲什麼會生氣，可能是沒有受到重視——自尊的需求未被滿足；又例如，人爲什麼感到孤單，因爲不受歡迎或不被接納——人際歸屬的需求未被滿足。

大人可以在回應孩子的情緒感受後，順勢說出孩子內心的需求。例如：「原來，你一直想要有好的課業表現，但卻無能爲力，其實，你很希望被重視，不想被瞧不起，是嗎？」「我感覺得出來，你是多麼期待有人可以接納你，眞正理解你。」「你也很渴望成功，有一番好表現，讓爸媽以你爲榮的。」

❺ 告訴孩子，你很樂意與他討論

前面四個步驟，就是在鋪陳出一條能讓孩子感受到被充分理解，以及有更多力量的道路。一旦這條路徑打造出來了，便可以針對孩子的想法內容，進行理性討論了。

你可以徵求孩子的同意，分享你對這個議題的觀點，也可以說出你的經驗，或者舉別人的例子。記得，**討論的目的是交換觀點，擴大孩子的思維廣度。而不是藉機批評孩子的想法，甚至讓孩子感到更難堪。**

最重要的是，請傳達出一份訊息：「**我很重視你的想法，也很樂意與你討論，如果你願意的話，隨時都可以來找我。**」

心理師的悄悄話

能讓孩子長期信任的人，還有一個特質，就是當孩子與他們互動時，會感到舒適自在－要不是被充分理解，就是感覺到內心充滿力量。被充分理解，是「有人懂我」的感覺，滿足了歸屬感的需求；內心感受到力量，是「我是有價值的」的感覺，滿足了自尊的需求。

Part 5

有智慧的陪伴

站對位置，做有效的選擇

陪伴孩子成長，不能只是拚命付出愛，愛裡頭還要加上智慧。加了智慧的愛，父母就能懂得，如何在保護與放手間拿捏得宜；加了智慧的愛，父母就能理解，把握每一個當下與孩子有著高品質的互動，比什麼都重要；加了智慧的愛，父母就能認清，不需對孩子感到虧欠，做孩子的父母，也做自己的主人；加了智慧的愛，父母就能知道，若要影響孩子，身體力行比說得再多都有效；加了智慧的愛，父母就能領悟，父母的事情得自己解決，並且支持孩子活出他自己。

25

父母的事情自己解決，讓孩子做回自己

當一對夫妻有了孩子之後，情感及互動都會發生很大的變化。而當雙方起了衝突，不論是爭執、口角、冷戰或對立，孩子很難不受影響。

還記得很小的時候，有次我目睹父母吵架，內心驚恐萬分，擔心父母就此各走各的，於是分別跑到父親及母親身旁，跪在地上，邊發抖，邊哭求他們趕快和好。我永遠忘不了那個場景，後來與朋友聊起，才發現許多人都有類似的回憶。幸運的是，父母偶爾爭執後，總會和好如初，做孩子的也能總鬆一口氣。

然而，總有比悲傷還要悲傷的故事。常見的是，許多家庭中，當雙親失和時，孩子無意間被捲入，成了代替父母解決婚姻問題的中間人。

問題行爲的背後，藏著家庭的祕密

有個母親曾向我求助，就讀國一的兒子最近一直不願意去上學，出門前會用各種藉口逃避去學校，就算到了學校，很快又會抱怨身體不舒服而吵著請假回家。這樣的狀況已經持續快兩個月了，令母親相當苦惱。

照慣例，我會先了解最近家裡的情況，是否發生了特殊的壓力或危機事件。母親告訴我，這一、兩年來，孩子的父親因爲工作不順，常常在外喝酒喝得醉醺醺，回到家便是伸手要錢。兩個月前，夫妻爲此大吵一架，父親便很少回家，回到家也不願意和太太說話。有時候只是洗個澡，就又匆匆出門了。

後來，我有機會跟這孩子接觸，聊了一下。我問孩子爲什麼不去上學，孩子回說無聊、沒興趣。我再問，是不是在學校發生了什麼事？孩子搖搖頭說，沒有。

我直接問：「聽你媽媽說，爸爸媽媽前些日子大吵一架，最近處在冷戰中，爸爸很少回家，有這樣的事情嗎？」

孩子點點頭：「嗯！」但顯然不想多談。

「那麼，你擔心嗎？」我看著他的眼睛，慢慢地說。

眼前的國一男孩把頭瞥了過去，抿起了嘴，拒絕說話。然而，藏不住的，是他的眼淚，一顆又一顆，不斷從臉龐滑落。

孩子透過自我犧牲，試圖代替父母解決問題

這孩子為什麼不去上學？因為擔心雙親失和，會失去父親或母親任何一方。父親一直不回家，所以他得想辦法把自己留在家裡，看管住母親（或者照顧母親），因此無意識地發展出各種身體不適，或者學習低動力，讓自己可以不必去學校。長久下來若沒有得到妥善地協助，肯定會發展出一些身心疾病、退化反應或問題行為。

這讓我想起前一陣子很紅的電視劇《通靈少女》，其中有一集演的就是類似的情節。父母的婚姻亮起紅燈，正在鬧離婚之際，男孩被急急忙忙地送進宮廟裡，說是卡到陰，立刻被通靈少女識破是裝的，沒想到裝久了最後竟然成真。

撇開無法解釋的靈異現象不談，**在輔導與諮商的實務上，確實有很多孩子會因為雙**

親失和而發展出莫名的身體或心理疾病症狀，以及拒學、輟學、課業落後、自我傷害、偏差行為、網路成癮等棘手問題，藉以讓父母暫時擱下眼前的婚姻衝突，將關注的焦點放在處理孩子的問題。

孩子正透過生病或自我破壞的問題行為，創造出父母和好如初的幻象——這便是孩子無意識地自我犧牲，試圖代替父母解決問題。

只是，父母的問題終究不是孩子能夠解決的。換來的，通常是雙輸的局面。

因爲失去另一半的支持，轉而尋求孩子的支持

另一種讓孩子捲進父母之間紛爭的形式是，要求孩子選邊站、主持公道，或者向孩子吐苦水，說另一半的壞話。於是，**孩子有時候成了傳聲筒，代替冷戰已久的父母傳遞訊息，有時候則成了法官，被迫裁定誰對誰錯，或者，成了大人的情感照顧者，瞬間被迫從孩子的位置轉換成大人的位置，成了提早長大的孩子。**

「你爸爸都說我很懶惰、不關心家庭，你說，我有嗎？」
「那個人到底是怎麼當媽媽的，糊裡糊塗，連個簡單的事都辦不好？」
「你爸整天只會罵人！孩子呀……長大後千萬別像爸爸那樣呀！」
「要不是因爲要養你們，我早就跟你那沒用的爸爸離婚了！」
「如果以後爸爸媽媽分開了，你要跟爸爸，還是跟媽媽？」

常見的是，父母一方因為感情不睦，得不到另一半的支持，便轉而尋求孩子的支持，要求孩子回頭照顧自己的情緒感受。他會向孩子訴說另一半的壞話，不允許孩子自由發展，用情感勒索綁住孩子，讓孩子不敢違背更不敢離開，以表示對大人的支持，但卻也限制住孩子的人生了！

有的孩子受不了龐大的情緒負擔，試圖切斷情感連結，轉而提早離家，過早獨立。並且因爲在心裡否定了與父母的連結，內在總覺得少了份力量。

而更多的孩子，就這樣持續活在親情綑綁之中，想要獨立自主，卻因爲早就習慣過度承擔大人的痛苦而充滿罪惡感。只好繼續聽話當個乖小孩，再將這些成長中的遺憾或委屈，傳遞給下一代。

在家庭中，婚姻關係優先於親子關係

回到前來求助的母親，以及不去上學的孩子身上，怎麼辦呢？

我請母親回到家後，時常有意無意地對孩子釋放這樣的訊息：

「孩子，我知道你很擔心我和爸爸的感情問題。不過，我和爸爸之間的問題是我們兩個人的事情，由我們自己來處理就好。不論最後如何，我們都是愛你的。請把你自己的人生過好，我們也會努力處理我們之間的問題。」

夫妻之間總會衝突或不合，有些解決得了，有些解決不了。**無論如何，父母都要意識到，孩子很容易在無意間被捲進來，一定要設法劃出一條界線，讓孩子知道，父母的問題由父母自己來處理，孩子仍然永遠會有父母無條件的愛。**

而最危險的，莫過於在空虛、寂寞、覺得冷時，無意識地把孩子當成了取暖的對象。

當你想著：「我沒辦法掌握我的另一半，但孩子是我生的，總可以掌握得住孩子吧！」的時候，你已經讓孩子不在孩子自己的位置上了。長久下來，孩子不出問題也難。

在家庭關係中，父母的婚姻關係永遠優先於親子關係。婚姻關係經營得好，親子關係通常不會太差；就算無法經營得好，也要懂得「自己的問題自己處理，讓孩子做回他自己」的道理。

心理師的悄悄話

夫妻之間總會衝突或不合，有些解決得了，有些解決不了。無論如何，父母都要意識到，孩子很容易在無意間被捲進來，一定要設法劃出一條界線，讓孩子知道，父母的問題由父母自己來處理，孩子仍然永遠會有父母無條件的愛。而最危險的，莫過於在空虛、寂寞、覺得冷時，無意識地把孩子當成了取暖的對象。

26

是「放手」而不是「放生」，更不是「放棄」！

不只一位家長曾與我談到，他們試著在孩子慢慢長大後，給予孩子更多的空間與自主權，也就是做到「放手」這個重要的親職課題。

其中一位父親提到，過去他長期以來使用高壓的方式教養孩子，對孩子的生活作息緊迫盯人外，更動不動就要干涉、批評與指責，卻漸漸招來孩子的對立反抗，最後，孩子乾脆消極擺爛，來個相應不理，才發現，是該改變與孩子相處的方式了！

這位父親逐漸嘗試給予孩子更多的自主空間，讓孩子學習自我負責。對於孩子的課業或生活大小事，慢慢練習不要「管太多」。然而，他的心裡總有一種矛盾的心情：「當我試著少管孩子時，不知道為什麼，心中總有一份罪惡感。」

請他多談談時，他告訴我，如果都不管孩子，是否就沒盡到身為家長的責任，這樣真的好嗎？

放手不只是一種教養方式，更是一種尊重的態度

原來如此，但他不是唯一一個這樣想的人。**許多家長為孩子所做的一切，不論有效或無效，無論孩子是否接受，常常只是想符合心中那個身為家長的形象與自我認同。若沒做到，心中便有著不安或罪惡感。**

「你正在做一件對孩子的成長與獨立有幫助的事情，爲什麼會有這種感覺呢？」我反問。

「是呀！我也是這樣想，但想想，就這麼完全不管他了，眞的好嗎？」

我明白了，這些大人內心的罪惡感或不安，很可能來自於對「放手」這個議題的錯誤認知。

事實上，放手並不是完全不管，任由孩子天馬行空、自由發展。**放手是一種態度，**

是尊重孩子的獨立性與本就擁有的內在力量，願意給予孩子更多自主的空間與權力，讓孩子逐漸練習邁向成熟與自我負責。

尊重與肯定，代替干涉、命令或指責

如果說，放手是從此以後完全不再過問孩子的事情，那就大錯特錯了。放手是在關心孩子的前提下，有意識地給予孩子自主支配權，而非凡事都唯父母命是從。**父母仍然時時刻刻關注著孩子，只是以更多的尊重與肯定，代替干涉、命令與指責。**

當孩子的生活遇到困境了，家長當然不能視而不見或充耳不聞。只是，**一個有智慧的家長會懂得關心孩子的內在情感，試著關懷與理解孩子的處境，並在孩子有需要時，及時與孩子開放地討論，若非攸關生死、危害自己或他人生命，或者有犯罪的風險，便盡可能尊重孩子最後的決定。**

然而，如何判斷孩子「有需要」呢？這對許多家長來說，又是一大難題。

我的觀點是，當孩子進入青少年期後，孩子主動求救時，大人再出手。當然，若是危急時刻或事關重大，家長強行介入也是需要的——眼見孩子就快溺水，能不緊急搶救嗎？

孩子眞正需要的，是獲得往前走的力量

介入時，要先理解孩子的困境，再與孩子進行討論，必要時才提供自己的建議。當我們能與孩子在尊重的前提下對話，你會發現，**其實孩子早就知道該怎麼做了，他們只是想要被了解，藉此獲得更多的力量**。

掌握到關鍵了嗎？**獲得力量！**

請記住，父母永遠是孩子生命力量的來源。父母能給的，除了基本的溫飽外，就是**透過情感連結帶給孩子力量，讓孩子更有勇氣面對挑戰，走好自己的人生路**。

與「放手」相對的概念，是「放生」，甚至「放棄」。**不論放生或放棄，都是基於一種心灰意冷的心態，決定讓孩子自生自滅：「孩子接下的一切都與我無關！」**表面上似乎是尊重孩子，事實上並沒有帶給孩子任何力量，甚至會讓孩子感覺到被忽視或被

遺棄，親子之間的情感連結是斷裂與疏離的。

在「極端保護」與「極端放手」間來回位移

這樣的家長，常會從「極端保護」一下子跳到「極端放手」。保護與放手，就像一道光譜的兩端，孩子越小，保護越多；孩子越大，放手越多，父母的教養態度會在這道光譜上逐漸位移。

然而，有些父母長期以來透過「極端保護」來教養孩子，在孩子逐漸長大後，仍然持續施加壓力，干涉不斷，結果是與孩子的衝突對立頻率不斷增加，**在無可奈何之下，一瞬間來到「極端放手」，但內心又充滿罪惡感，認為沒有盡到為人父母的責任，又在下一個瞬間，跳回「極端保護」的一端**。

當教養態度是在「極端保護」與「極端放手」兩個極端間來來回回，而少了中間的過渡地帶時，孩子將更加無所適從。**這種教養表現的極端位移，在在顯示出家長自己內心的慌亂、焦慮、不安與無力**。

當家長本身內在是無力的，又如何能帶給孩子支持的力量呢？

你給不出自己身上沒有的東西，例如內在力量

最近有一位憂心的母親前來與我討論。她的女兒從青春期開始，就一直與她處在對立衝突的互動中。女兒總要和母親唱反調，母親越反對的，女兒越是要去做。母親擔心女兒受傷受挫，更是對大小事情加以限制，結果又換來女兒更多的反彈。

女兒五專畢業後便不再升學，也沒有出去找工作，待在家裡一天到晚與母親吵架，家裡的氣氛不是緊張便是低迷。女兒一直吵著要搬出去自己住，母親卻認爲一個女孩子自己住在外面很危險，在家明明可以得到舒適的生活照顧，不懂女兒爲什麼老是吵著要搬出去。

我說：「妳就讓她搬出去吧！放手吧！妳這樣，她沒有辦法眞正長大的。」

這位母親說：「我先生也是這樣告訴我，但我就是很焦慮、很擔心呀！我很怕她搬出去之後沒辦法照顧自己，外面壞人又很多……」

這位母親亟需被協助的，不是與女兒相處的問題，而是自己內心深處那龐大的焦慮、不安與惶恐，究竟是什麼？又從何而來？她的不安已弱化了孩子自我照顧的能力，甚至阻礙了孩子的獨立與發展，孩子何其無辜？而又有多少家長有此自覺呢？

心理師的悄悄話

一個有智慧的家長會懂得關心孩子的內在情感，試著關懷與理解孩子的處境，並在孩子有需要時，及時與孩子開放地討論，若非攸關生死、危害自己或他人生命，或者有犯罪的風險，便盡可能尊重孩子最後的決定，但絕不是抱著讓孩子「自生自滅」的態度。

27

收起虧欠：假日父母經營親子關係
不在時間長短，而是品質

最近一位好久不見的好友問我，若是跟孩子相處的時間不夠，會不會影響親子關係？我說，是有可能，但這不是親子關係好壞最重要的因素。

好友這幾年被公司調派到北部工作，與居住在南部的太太及年幼的孩子分隔南北。週間工作繁忙，只有週末假期才能回家與家人團聚，有時週末還要加班，兩、三週才與家人見一次面也是常有的事，就這樣與妻小聚少離多地過了兩年。

好友打趣地說，很擔心年幼的孩子有一天不認得這個爸爸，他說：「我聽說同事的孩子，死也不肯叫他一聲『爸爸』。」

也難怪好友會擔心。

其實在現代社會，像好友這樣因為工作隻身在外，與家人相處時間不多的人還不在少數，有的甚至外派國外，半年、一年才有機會回家一趟，常會感覺到與家人的感情越來越生疏。

然而，還是有許多「假日父母」仍能將家人關係經營得很好，家人之間的情感連結緊密。這背後的祕訣全靠彼此的信任與充分溝通，更重要的是，把握每一個相處的當下，創造高品質的互動。

補償心態往往適得其反

然而，有些父母因為鮮少時間陪伴孩子，總覺得對孩子有份虧欠，基於對孩子的補償心態，每當與孩子相處時，會盡可能花錢讓孩子擁有最好的享受，結果卻往往適得其反。

向明的故事就是個例子。向明是學校裡的軍訓教官，從年輕時在部隊，到近幾年請調到學校裡服務，都一直沒有與家人同住。向明對於孩子在成長的過程中缺少父親的陪伴，一直感到很虧欠。每次回家便會帶許多禮物給孩子，而孩子只要開口，若不是太誇張，向明都會設法滿足孩子。

孩子一天天長大，即將上國中，向明發現與孩子相處時竟然無話可說，孩子也不願意或不習慣與父親交談，每次開口都是向父親要錢買東西。

向明很苦惱：「週末假日都盡量帶孩子出去玩，也盡可能滿足孩子的各種物質需要，為什麼苦心經營卻還是與孩子如此生疏？」

細看向明與孩子的相處方式，每回帶孩子到遊樂園，將孩子放上遊樂設施後，就在一旁抽菸、滑手機。當孩子玩完後，再帶孩子到下一個遊樂設施，放上去，繼續抽菸、滑手機……直到把遊樂園的所有遊樂設施都玩過一遍就打道回府，向明認為自己已經盡到陪伴孩子的責任了。

當孩子逐漸長大，遊樂園或玩具已不再能滿足，孩子便開始向向明要求更高價位的流行時尚商品，若向明不答應，孩子便生氣、賭氣，對向明不理不睬。向明擔心與孩子的關係破裂，只好任孩子予取予求。然而向明也發現，自己在孩子心中似乎只剩下提款機的功能了。

向明心想，一定是過去太少時間陪伴孩子，造成父子之間疏遠，除了懊惱之外，對孩子更感愧疚。只是長期軍旅生活造成向明嚴肅且一板一眼的行事風格，實在不知道如何與孩子培養關係。每逢假日，還是只能帶孩子到高消費、高娛樂與高刺激的地方去玩，買更多青少年喜歡的東西給孩子，試圖拉近與孩子之間的距離。

其實，向明是個對家庭很有責任感，也很願意付出的家長，只是用錯了方式，帶來反效果，以爲人在孩子身邊就是陪伴，滿足孩子的物質欲望就是關愛孩子的表現。事實上，**與孩子的相處，重要的不是時間長短，而是相處過程中的互動品質**。

有情感交流的高品質互動才能眞正滿足孩子需求

人與人之間高品質的互動，必定是帶著情感交流的，最明顯的行為表現，便是雙方能夠互相分享與交換心事或感覺。簡言之，具體的做法包括：

❶ 專注傾聽

放下手機、擱下雜務，靜下來，注視著孩子，好好地聆聽孩子分享他的生活點滴，不只是聽到孩子話語的內容，更要觀察到孩子的表情與動作，感受孩子內在的情感。**哪怕只是五分鐘、十分鐘，光是專注傾聽，就能感受到與孩子的內心更貼近了。**

❷ 好奇探問

好奇探問是基於想知道更多的意圖，試著參與孩子感興趣的話題。家長不妨在孩子開口分享時，帶著好奇的口氣去探問孩子，發生了什麼事？細節如何？帶給你的感受如何？對這件事情的看法如何？打算怎麼做？如此豐富對談的內容。**記得，只是單純地探問，不批評、不說教，任何說理或給予建議，都是破壞互動關係的殺手。**

❸ 同理內在情感

同理心的回應是開啓雙方內在連結的鑰匙。關注孩子所表達的情緒感受，是委屈、憤怒、傷心、焦慮、失落，還是興奮、期待、滿足、開心？用情緒形容詞說出孩子內心的感受。這會讓孩子感覺被深刻理解，父母也會感覺到自己的內心更加柔軟了。

❹ 分享個人故事

年幼的孩子偶爾才見父母一面，一定會對父母平常的生活感到好奇。父母不妨常與孩子分享自己在外地工作的所見所聞，創造出彼此對話的素材。**孩子透過父母的眼睛看世界，自然能擴大孩子的視野，也能增進彼此的了解**。別忘了，只是分享，千萬別流於說教或講道理。

❺ 把握當下，持續對話

把握每一次親子互動的片刻，持續地實踐前面四件事。有效的事情持續反覆地做，經年累月終究會看到效果。

假日父母不需要對孩子懷著虧欠。父母必須意識到，**大部分的父母都已竭盡所能在自己能力所及的範圍下，提供孩子最好的成長條件了**。一旦我們對孩子有著一份虧欠，便會想討好孩子，這不但無法真正拉近與孩子之間的距離，還會造成家庭系統裡彼此地位的失衡。

在家庭系統中，父母的地位永遠是高於孩子的，討好的行為便是將父母的地位放在比孩子低下的位置，最後當然落得讓孩子予取予求的下場。而事實上，**此刻的討好，只是父母用來照顧自己內心對孩子虧欠的方式，當然無法與孩子建立真正的連結。**

真正能滿足孩子內心需求的，是具有情感交流的高品質互動，而非用金錢打造出來的關愛。

心理師的悄悄話

父母必須意識到，大部分的父母都已竭盡所能在自己能力所及的範圍下，提供孩子最好的成長條件了。一旦我們對孩子有著一份虧欠，便會想討好孩子，這不但無法真正拉近與孩子之間的距離，還會造成家庭系統裡彼此地位的失衡。

28

大人願意尊重，孩子就學會尊重

如果有一天，你的孩子回到家告訴你，班上有位同學好像是個過動兒，不是一直干擾上課秩序，不然就是情緒暴走，同學們都難以忍受。

聽到這裡，你會怎麼做？如果孩子每天回到家，都向你敘述那位同學的「精采事蹟」，你又會怎麼做？而當你進一步了解，這位同學是班上的身心障礙學生，被安置在一般班級中與同學一起學習，同時接受特殊教育服務。

這時，你又會怎麼做？

「這位同學一直干擾別人，這樣下去不行！我要去學校跟老師討論一下該怎麼處理才好。」你會這麼告訴孩子嗎？

還是，你會這麼說：「孩子！這位同學雖然跟大家不太一樣，但他不是故意的。我們一起想想辦法，如何幫助他，好嗎？」

孩子間的歧視，通常是向大人學來的

有一次，在一個家長成長團體的課程中，有位家長提問，爲什麼成績優異、天資聰穎的孩子，往往瞧不起那些弱勢或功課差的同學？

我先澄清，歧視會發生在任何人身上。但針對他的問題，我的回答是：「通常是向大人學來的！」

在一個班上，不只是資優的同學，任何人都可能去歧視另一個（群）人——如果他身旁的大人，就是這麼做的話。

如果一個孩子在成長過程中，有意無意地被灌輸：「功課好才有資格被尊敬」「要遠離那些愚笨的人，自己才不會變笨」「那些跟我們不一樣的人很可怕，別太靠近」「不要去跟那些貧窮／骯髒／怪異／看起來有病／孤僻／不用功的孩子在一起」

……等，孩子的內心當然會對某些特定的對象，通常是身心特質與多數人不一樣的同學，產生排拒、恐懼或厭惡的感覺，進而做出排擠或歧視的行爲。

問題是，大多父母都是受過教育的人，還會這樣教自己的孩子嗎？

事實是，大人不會明講，但卻會在不知不覺中透露出這類訊息，或者直接表現在外顯的情緒與行為上。孩子很容易接收與內化來自成長過程中重要他人的各種訊息，因而也成了這樣的人。

因爲無知而衍生恐懼，排拒非我族類

那麼，大人爲什麼會有這樣的反應或觀念呢？

所有的歧視、敵意或排擠，幾乎都來自於「無知」；而「無知」會帶來「恐懼」；「恐懼」則引發「自我保護」的本能反應——差別對待、攻擊、排拒、疏離那些非我族類的行爲，都是廣義的自我保護。

例如一直到現在，我還常聽到在家長群組裡謠傳著類似的言論：

「精神疾病患者都是瘋子，有攻擊性、很可怕。」
「憂鬱症會傳染，跟他們在一起久了也會得到憂鬱症。」
「過動兒都是那些意志力不堅定、調皮搗蛋，故意要跟師長唱反調的人。」
「資源班的學生都是一群自我放棄的人。」
「功課不好的學生平時不讀書，還會帶壞其他同學。」
「自閉症的孩子一輩子孤僻怪異，只能離群寡居，難以自立。」

這就好像在二十一世紀仍然把「同性戀」與「愛滋病」劃上等號一樣無知。當這些似是而非的刻板印象在公開或私底下紛飛蔓延時，接著就會出現「別讓一顆老鼠屎，壞了一鍋粥」的言論。於是，班級中只要出現比較特殊的孩子，屢次或嚴重影響到同學的學習時，總是會有家長群情激憤地要求學校設法處置，通常是要求當事人轉班或轉學——這樣最快速，也最簡單。

別忘了，大人在做，孩子在看。**大人看似為了孩子的「正常」學習向學校爭取權利，但同時，你其實也正向孩子們示範如何歧視與排擠另一個人。**

如果，孩子班上的老師剛好也是個因無知而對特殊孩子懷有敵意或不友善態度的大人，那麼在親師聯手之下，孩子當然學不到尊重或包容差異，更遑論發揮愛心、扶助弱勢。

不過，教育現場中更多的，是竭盡全力設法幫忙特殊孩子適應學習環境，與班上同學和平共處的老師。他們不斷透過各種機會教育，呼籲孩子看見與尊重差異，體諒特殊孩子的身不由己。但面對同學怨聲載道的抱怨、背後每個高舉受教權旗幟的家長，以及鋪天蓋地而來的強硬要求，也很難不屈服，即使有心也無法有效幫助到特殊孩子。

與孩子一起用功，破除迷思與偏見

大人一定得明白，孩子不是一出生就懂得歧視別人，在孩子的同理心尚未發展成熟時，大人的身教與言教尤其重要。當你總是透露出類似「人不爲己，天誅地滅」的觀念時，就沒資格質疑孩子爲什麼缺乏同理心，校園霸凌爲什麼如此層出不窮。

做大人的，當孩子向你抱怨班上的特殊同學時，請帶著孩子好好地理解這類與「我們不太一樣的人」的特質與困境。同時，除了差異之外，更看見「你我之間有著更多的共同點」，破除孩子身上可能會有的迷思或偏見。

現在是個資訊流通的時代，我們很容易就可以在書籍或網路中找到關於各類特殊孩子身心特質的專業知識。**前提是，家長你也得先用功，別讓無知蒙蔽了你。**

當然，孩子受到干擾是不爭的事實，你需要與孩子一同討論，如何與特殊同學和平相處又不被影響，或能夠做到適當的自我保護。

用實際行動，讓孩子學到尊重

另外，**若孩子的老師是個對特殊際遇孩子友善的大人，請用實際行動支持他。**你可以詢問，在協助孩子適應環境的過程中，有什麼是我們幫得上忙的。**學校師長正確的作為，也很需要家長的鼎力支持，別讓老師孤軍奮戰。**

相反地，若孩子的老師是個容不下異己，對特殊孩子酸言冷語，甚至有諸多偏見或歧視的大人，**請讓他知道，身為家長的我們願意接納、包容與尊重那些與大部分孩子身心特質不太一樣的孩子——這樣的表達會形成一股壓力，迫使老師轉變態度**。當然，若為人師者仍然一再歧視特定學生，甚至成為默許霸凌發生的幫凶時，也請別客氣，該投訴就投訴吧！

因為，現在會有孩子受傷害，未來也會有；該走的人不應該是孩子，而是壞掉的大人。

大人怎麼做，孩子就怎麼學；大人願意表現出尊重，孩子就學會了尊重。即使你沒有明講，孩子都接收得到。教育的目的就是要破除盲從，建立正確觀念，而不是學到更多的偏見或迷思。因此，尊重生命多元與差異的教育不能等，從小就該做起。

心理師的悄悄話

做大人的，當孩子向你抱怨班上的特殊同學時，請帶著孩子好好地理解這類與「我們不太一樣的人」的特質與困境。同時，除了差異之外，更看見「你我之間有著更多的共同點」，破除孩子身上可能會有的迷思或偏見。我們可以與孩子一起學習，別讓無知蒙蔽了判斷。

29

孤注一擲：你把自己的一切全賭在孩子身上了嗎？

養兒育女，對很多人而言，像是一場豪賭。

這樣的故事，我聽過很多，相信你也不陌生。那麼，問問自己，你願意賭上你全部的人生，換得孩子走向未來成功快樂的康莊大道嗎？

我曾長期與青少年孩子工作，到目前仍是如此，同時遇到好多對孩子的教養過度用力的家長，傾全力付出一切，就是要孩子成龍成鳳。我完全可以理解，因為「天下父母心」嘛！

是誰把孩子的人生搞砸了？

小時候，學校裡有個同學相當優秀，課業成績頂尖外，多才多藝，是各式藝文比賽的常勝軍。我的成績也不差，但就是差他那麼一點點，其他方面就不敢多提了。

我們曾經一起補習，所以漸漸熟識。上了國中，那位同學結交到一些不愛念書的朋友，漸漸地，他的成績退步了，學會抽菸與其他不良習慣，成爲師長眼中的頭痛人物。有時在校園裡遇到他，不經意瞥見他的手腳上，有著一條條的疤痕，他笑著說：「出去和人打架了！」

有一次，我在家裡接到一通電話，是那位同學的父親打來的。印象中，他的父親熱情健談，總帶著爽朗的笑容，才藝班下課後，總會溫暖地問候我。當時，他在電話的那頭說：

「唉！我眞羨慕你爸媽，把你教得這麼好。不像我兒子，眞是讓我丟臉極了！可不可以告訴我，該怎麼教孩子，他才願意努力向上？他以前不是這樣子的……」

我糊塗了！他竟然問一個國中生，該如何教養孩子！

「原來你也接到電話了！」與幾位同學閒聊時才發現，他的父親曾輪番找幾位成績比較好的同學討論，總是焦慮地問著：「該怎麼教孩子？」

後來，從別人口中得知，那位同學身上的傷疤不是和誰打架造成的，而是被恨鐵不成鋼的父親毒打後的傷痕。只是，這位父親如此用力，卻怎麼也拉不回那個曾經風光一時的孩子。

誰都看得出來，是這位父親把自己孩子的人生搞砸了。但當時我實在無法理解，爲什麼只有他自己看不懂？

孩子的成功就是父母的成功，眞是如此嗎？

如果你正在豪賭，孤注一擲，那麼大概也不會意識到，你正在搞砸這一切。許多父母眼中只有孩子，成天不辭辛勞地來回接送、不遠千里訪求名師、兼好幾份差辛苦掙錢、緊迫盯人管控孩子的作息，甚至搶在第一時間爲孩子移除成長中的所有阻礙——就只期待有一天，孩子能有成就、有出息。

而這個期待，可能是他們畢生最大的願望了。

「我就這麼一個孩子，我非得栽培他出人頭地不可！」

「不管付出什麼代價，我一定要看著我的孩子成功才行！」

這些話說得用力又懇切，道出了爲人父母者的心聲——再苦再拚，說什麼也要看著孩子有一番作爲，這樣的期待無可厚非。然而可怕的是，有些父母正瘋狂地把自己一生的成敗，全都賭在孩子身上。

爲什麼說「瘋狂」，因爲在他們內心深處，潛藏著兩個牢不可破的信念，**連他們自己都沒發現或不願意承認**。分別是：

第一，孩子的成功，就是我的成功，孩子的失敗，就是我的失敗。

第二，孩子成功的樣貌只能有一種，就是我內心期待的那一種。

在這樣的信念下，我幾乎可以預期，這場豪賭的贏面極低。

孩子不可能完全照著父母的期待走

因為，孩子不可能完全照著父母的期待走。

尋求獨立自主是每個人成長的基本需求，在孩子心中也有他們自己對成功的期待與樣貌。但當孩子企圖走上一條與父母期待不同的道路時，這些孤注一擲的父母是絕對無法允許的，因爲那等同於失敗。而孩子的失敗，又等同於父母的失敗，眼看著幾年來傾全力付出的一切，就要化爲烏有了。「這怎麼行？」

於此同時，他們發現自己早已年華老去，逝去青春、賠上健康、不再作夢、委屈自己好久了。多年來無條件地付出自己的一切，卻換來孩子的叛逆或不領情，情何以堪？這些不甘心，逐漸轉化爲更多的高壓控制，或釋放出一道又一道的情緒勒索，訴諸恐懼與罪惡感，要求孩子必須順從自己的心意。

背負著父母的高度期待，又渴望做自己的孩子清楚知道：「大人設法爲我打造的人生，並不是我想過的人生。」於是，**他們為了爭取自己人生的主導權，會表現出許多對抗的行為，親子衝突一觸即發，或者，父母與孩子之間，逐漸長出了一道誰也跨不過的**

高牆，彼此怨恨，卻又難解。

即使有些孩子不忍父母無怨無悔的付出，**選擇聽話長成父母期待中的模樣，卻得一輩子壓抑自己的理想或心願，終生都不快樂。對父母而言是成功了，但孩子卻無法獲得真正的幸福。**

除了做爲父母，你還是你自己的主人

如果你把一生的成敗全都賭在孩子身上，風險是很高的。因爲，孩子是與你不同的個體，不可能複製你所有的觀念或夢想，也不會完全照著你的期待走。**最後，你發現自己的長期犧牲什麼也沒換到，甚至落得親子衝突、關係惡劣的下場——此刻，你已一無所有。**

不是要你對孩子不聞不問，也不是完全沒有期待，而是，**當進入父職或母職的角色後，必須記得，也許孩子占據了生活中很大的部分，但孩子終究不是你人生的全部。**因爲，你同時是個配偶、是個子女、是個工作者、是世界公民……你的身上有著許多角

色，正等著你去發揮、去經營。

最重要的，你是你自己人生的主人，你不能為了孩子沒了自己。你得照顧自己的情緒、關注自己的健康、發展自己的事業、管理自己的財務、經營自己的人際關係，以及，懷抱著對自己人生的夢想，在孩子長大自立時，能不忘初衷地去實現。

如此，**不管孩子是否如你預期般成長，發展成什麼模樣，你都能擁有自己的獨立與成就，擁有自己人生快樂的來源**，而不是全部寄託在孩子身上，期待孩子照顧你的人生。

別把養兒育女當成人生的一場豪賭，因爲，總是慘賠的居多。

心理師的悄悄話

當進入父職或母職的角色後，必須記得，也許孩子占據了生活中很大的部分，但孩子終究不是你人生的全部。最重要的，你是你自己人生的主人，你不能為了孩子沒了自己。

30

不想讓孩子走偏，孩子卻越走越偏？

過去還在學校服務時，常處理一些親子關係衝突的問題，必須請家長來學校一趟，和孩子一塊兒談。許多家長來到學校，一看見孩子劈頭就數落，顧不得還有老師在旁，而孩子多半不理不睬，任憑家長罵個不停。

有次談話結束，來談的母親與孩子一同走出輔導室。母親準備打道回府，孩子則要回教室上課去。母親堅持要孩子跟我說謝謝，孩子不理她，看都不看一眼。於是母親一個箭步抓住他：

「我說，你也跟老師說聲謝謝嘛！」孩子依舊沒搭理。

「你這是什麼態度？快跟老師說聲謝謝，快說、快說！」母親拉高音調，孩子繼續往外走。「你很奇怪耶！說個謝謝會死嗎？怎麼會變成這樣……氣死我了！」母親繼續對著孩子劈里啪啦念了一大串。

我瞬間感到很窒息。

其實，這孩子與我關係頗好，平時見了我都會打招呼，說謝謝對他來講根本不難。只是媽媽在，他不想說，說了表示妥協了，於是不理會母親的要求，消極對抗。然而對我而言，這聲謝謝根本不重要。

我在學校經常可以看到這些，孩子與家長互動時相當真實的一面。許多家長沒有意識到，自己一直用著無效的溝通方式在與孩子互動，然後又堅持孩子非得照著他們的意思做不可，十六、七歲的大孩子當然會擺臉色給父母看囉！

我只是不想讓他走偏了

在一次與家長的會談中，一位母親告訴我：「我也不想這樣一直念、一直管，我只是不想讓他走偏了。」

這是許多父母常告訴我的心底話，這句話讓我思考許久。父母的本意是良善的，然而，究竟是什麼讓孩子越走越偏，而父母就該因此越念越多、越管越緊？

不讓孩子走偏，意思應該是，父母給孩子一個「合理空間」，在這個空間中，孩子要如何發展表現都是可以被接受的，只要不「走偏」就好。然而，就我長期的觀察，**許多父母避免孩子走偏的做法，往往是要孩子走在他們期待的路上，而非一個可以有機會伸展的範圍。**

那條由父母刻畫好的路線，是唯一的一條路，孩子沒得選，而且窄得很，只有唯一的一種走法。也就是說，孩子得活成父母所期待的樣子，不容許半點差錯。

然後，父母扮演起糾察隊，嚴密監控孩子的一舉一動。稍有一點點越界，「嗶！不行！」有點不對勁，「嗶！犯規！」孩子不能有半點自己的主張，卻又動輒得咎，隨時被挑毛病、找缺點，被大說特說一番。

不信任孩子，就會找到不能被信任的證據

當父母以這種態度教養孩子時，便容易習慣性地找尋孩子做得不夠好的地方，這是一種無法信任孩子的表現。**當你內心無法信任孩子，就會不斷地找到孩子不能被你信任的證據**。

所以，你得老是跟在他身後，看著他、管著他，無止境地數落著他的缺點，無時無刻批評他哪裡要改進，哪裡做得不夠好，沒完沒了。這是一種令人感到窒息的溝通方式，就好像一支又一支的利箭，連番射向孩子。只要是親子相見的場合，就沒停止發射過。

沒有兩個人是一樣的

許多父母不自覺地試圖把孩子打造成他們心目中理想的樣貌，而這理想樣貌又只有唯一一種，沒有其他選擇。所有偏離這種樣貌的形象，哪怕只是差了一毫釐，在父

母心中就是不合格。

我們都知道，沒有兩個人是一模一樣的，即使是雙胞胎也不可能完全一樣。每個人出生後就帶著自己特有的天性與氣質在生活。如果家長心中對孩子成長的樣貌只有一種，那麼孩子不管多辛苦去符合那種樣貌，都難以完全做到，當然也永遠無法獲得父母的肯定。

當孩子發現自己怎麼做都不對，得不到父母肯定不打緊，還不時要中箭，那麼乾脆放棄迎合父母的期待，大膽走自己的路吧！特別是處於青春期的孩子們，正想拿回人生的主導權，所作所為更加偏離父母心中的標準軌道了。

放寬標準？只是不得不的妥協罷了！

父母見孩子怎麼拉都拉不回來，只好放棄原有的標準，放寬所謂不走偏的定義，與孩子妥協，終究是給出孩子一個比較大的空間了。

然而，即使如此，孩子還是沒有安分地留在父母「恩賜」的空間中成長，硬要走一條與父母意願相左的路，甚至出現種種無法被人們接受的偏差行爲。

許多父母哭訴著，難道自己爲孩子做得還不夠嗎？

一天到晚盯著孩子，從小爲孩子安排許多優質的學習與休閒活動，也爲孩子犧牲了休息和娛樂的時間，費了好大的勁，孩子卻越走越偏。到底哪裡出了錯？

錯把控制當引導

其實，一開始便為孩子設定好一條所謂理想的道路，要孩子照著走，本身就是一種錯誤。做了再多的安排，費了再大的苦心，以爲這些是在「引導」孩子成長茁壯，事實上只是在「控制」孩子的人生。

我時常引用李中瑩老師說過的話——引導與控制的不同。**「引導」是永遠給對方更多的選擇，相信他能為自己做出最好的決定；而控制，則是拿走對方的選擇，不相信對方有能力自己做決定。**

當孩子只能選擇父母要求的那條路，只能長成父母期待的樣貌時，父母無論付出了什麼，都是在控制，而不是引導。有許多家長請求老師協助把孩子導向「正途」，也只是一種控制的手段。

誰受得了亂箭攻擊？

再來，即使放寬了標準，給出了空間，讓孩子不用按照原先設定的樣貌成長，如果與孩子互動時的溝通方式仍然沒變，那麼孩子仍然不會理睬！

如果父母慣用的是指責性的溝通模式，開口閉口都是找缺點，數落孩子哪裡沒做好，對孩子射出一支又一支批判的冷箭，只會讓孩子感到自己一無是處、一文不值。想著如果怎麼做都無法讓父母閉上數落的嘴，那麼不如當作沒聽到，來個相應不理。於是孩子更加我行我素，甚至做出那些與父母期待大相逕庭的事情，讓父母既跳腳、又灰心。

孩子終究會照著父母內心所「相信」的樣子活

父母是對孩子影響最深的人。

儘管孩子盡一切可能，想逃離父母預設的道路，不想活在父母的唯一期待下。然而，孩子終究是會照著父母內心的盼望而活的。這聽起來矛盾，卻是有其道理的。

當孩子出現了偏差行為、惹禍上身時，就印證了父母當初認為「這孩子不能被信任」的信念。當孩子從小被父母看到的總是缺點，他也會在接下來的人生中，透過各種方式，持續地讓別人看到他的缺點，獲得他人的批評與貶抑。**孩子無意識地複製與承接了在原生家庭中與父母互動的方式**。

於是，父母內心對孩子的預言，都一一實現了！

用支持與讚賞灌溉孩子的內心

親愛的家長，為什麼你煞費苦心要讓孩子走在正軌上，孩子卻越走越偏？

因爲你只爲孩子留了一條路，拿走了他其他可能的選擇，而生命總會爲自己找到出路。你總是帶著只看得到缺點的眼光在注視著孩子，用力找到孩子做得不夠好的地方，找到一個就射出一支箭，有幾個人能受得了這樣的亂箭攻擊呢？

不想讓孩子走偏，不代表就得要求孩子完全照著父母的意思活。在孩子成長的過程中，自有其會長成的樣貌，不是誰可以控制或左右的，孩子需要的只是父母的支持與肯定。**在被父母用支持與讚賞做為養分灌溉下的孩子，內心世界自然是豐盛富足的，也會充斥著滿滿的愛與信心，又怎麼會走偏呢？**

心理師的悄悄話

一開始便為孩子設定好一條所謂理想的道路，要孩子照著走，本身就是一種錯誤。做了再多的安排，費了再大的苦心，以為這些是在「引導」孩子成長茁壯，事實上只是在「控制」孩子的人生。

Part 6

有自覺的陪伴

有多久，沒好好關照自己了？

陪伴一個人，若只是一味付出，遲早會被掏空殆盡。身爲大人，總是想給孩子最好的，但孩子卻像一面鏡子，讓我們赤裸裸照見自己，無所遁形。此刻，若我們願意帶著自覺，在僵局中看見自己的困境、承認自己的限制、理解自己的感受，反思自己期待的來源，進而調整自己，我們便在陪伴中也獲得了滋養，再給出的陪伴將更有品質。因爲，眞正健康的關係，是關係中的彼此都能從中成長與獲益。

31

給常感自責的你：你最該把同理心用在自己身上

你是否是那種在人際互動中時常出現自責、內疚，或對他人感到抱歉的人？這樣的人總會把別人照顧得很好，但內心卻常累積龐大的委屈。

大學時期，我有位同學是個「道歉大王」，不管發生什麼事情，總是不斷誇張地道歉，不管錯在誰身上，只要有人感覺不舒服，或者團體的氣氛不太好，她就會連說好幾聲：「對不起！」

有一次我問她，明明錯不在她，或者不關她的事，為什麼總是要先道歉？她竟面帶愁容地對著我說：「對不起，對不起！我一直道歉讓你感到不舒服了嗎？」

在《論語》中，曾子要我們「吾日三省吾身」，時常在生活中提醒自己，是否有什麼事做不好？我那位同學不只每日三省，而是無時無刻都在自我檢討中度過。過著自省的生活是很好，但若過度自省，就會很辛苦了！

過度承擔，認爲「爲別人受苦」是應該的

這種連一點小事也要指責自己的人，容易自我檢討並且生自己的氣。因爲時常拿著放大鏡檢視自己的缺點，會很快地將任何人的不舒服歸咎在自己身上，認爲是自己造成的，過度承擔了別人的痛苦。

由於總是過度體貼，他們常把別人放在比自己還要優先的位置去關照，因此**忽略自己的身心需求，甚至認為「為別人受苦」是應該的，沉迷於這種痛苦的滋味中**。然而，又因爲無法讓別人感到舒適自在，於是常常氣那個在人際關係中的自己。

當我們每天花了大部分的心力在照顧他人的情緒感受，檢討自己的錯誤與怪罪自己沒做好時，很快就會感到精疲力竭。此刻，看到那個身心俱疲的自己，好像成了他人的麻煩，內心便又責怪起自己。久而久之，累積了龐大的委屈：「我對你們付出這麼多，爲

什麼沒人在意我的心情？」但又不允許自己這麼想，自我責備的聲音又在耳邊響起。

所以，身為孩子的照顧者，你當然常感到疲憊不堪，因為你把精神全花在自我檢討與對人過度付出上了，不一定眞正能為他人帶來幫助，但卻苦了自己。

當同理心用在尋找自我責備的證據時

其實，有高度自省能力且時常陷入自責中的人，總有著無比強大的換位思考能力，擅長從別人的觀點來看待事情；同時，對他人的情緒感同身受。**他們總能夠細微地察覺他人身上任何情緒起伏的蛛絲馬跡，揣測對方的內在世界，接著，會把對方的情感狀態與自己的行為相連結，認為：「都是我的錯！」「該不會是我造成的吧！」認定自己該為他人的壞心情負責。**

這種異於常人的同理能力，讓他們能夠把人際相處中的每個人都照顧妥適；看到每個人都舒適自在，他們便開心滿足了！

同理心是一種對他人情緒感受與內在想法能深度體察並感同身受的能力。然而，能

夠敏銳地站在他人的角度思考與感受，不一定代表這份同理是精準無誤的。事實上，一個時常自責的人，總會把同理心用在尋找他人的難過、生氣、焦躁與無力等負面情緒上，同時試圖與自己的言行失誤拉起連結。也就是說，**他們只不過是透過同理心在找尋一些「我搞砸了！」「都是我的錯！」這種自責心態的證據。**

邀請「當下的我」去同理「當時的我」

「對！對！對！對！我就是這樣子的人！」不知道多少次，聽到課堂上的學員或晤談室裡的個案，點頭如搗蒜地認同我的說法。接著，他們會問我：「那我該怎麼辦？」

好吧！如果敏銳的同理心是這些人與生俱來的強大優勢，那麼就別浪費了！

我常引導學員或個案：「若跳脫出自己，面對著你『這個人』，是否能夠對自己的內在感同身受？」也就是，我要他們把同理心試著用在自己的身上。

實際操作時，我會引導他們想起一個自我責怪的情境，重新去體驗當時的經驗與感受。接著，想像自己慢慢退出自己的本體，來到自己本體的前方。此刻，這裡會有兩個自己，一個是「自責中的自己」，也就是「當時的我」；另一個是「此刻的自己」，也就是「當下的我」。

請「當下的我」去同理那個「當時的我」，深度理解「當時的我」內心的感受與想法，練習去體察自己的內在感受，是否帶著害怕、恐懼、焦慮、憤怒、委屈……等，而這些情緒是怎麼來的？是來自於造成他人困擾的內疚，還是擔心不被他人喜歡與接納的困窘，或者更早，無法獲得父母認同的挫敗……

有些學員或個案在進行這項練習時，會流下心疼自己的眼淚，並發現自己需要多留心照顧自己。你或許不用走得這麼深，只要多理解自己並關照自己的心情，時常給自己一個溫暖的擁抱即可。

將同理心朝向自己，便是與自己連結

我們不必立刻停止過度承擔他人的痛苦，不再自責；只需要在每一次自我檢討與自我怪罪時，多撥一點同理心放在自己身上。

事實上，同理心的展現正是一份與他人連結的意圖。**時常感到自責的人，總是努力與他人保持連結，但卻忽略了與自己的連結。同時，也拒絕別人與自己連結。**這不是很矛盾嗎？當別人對他們釋出關懷時，他們往往會說：「不、不、不！我沒事。不好意思讓你擔心了！」而拒絕別人的理解。

因此，把同理心放在自己身上，便是與自己連結。一個人在困境中若能感受到被理解，是多麼幸福的事情呀！如果你還不願意被他人接近與理解，那麼，試著自己理解自己吧！當接受了被理解、習慣了被理解，或許你也能漸漸敞開心胸，迎接他人的關心與同理。

尤其當你是一個照顧者時，常需要發揮同理心去關懷你的孩子、學生或服務對象，但別忘了，你也是一個人，一個活生生的人，疲憊的心情也要被穩穩接住。在精疲力竭之下給出的陪伴通常不會有品質，唯有願意敞開自己，被自己與他人理解，你才有能力去理解他人、滋養他人。

心理師的悄悄話

請「當下的我」去同理那個「當時的我」，深度理解「當時的我」內心的感受與想法，練習去體察自己的內在感受，是否帶著害怕、恐懼、焦慮、憤怒、委屈……等，而這些情緒是怎麼來的？是否與我的成長經驗有關？

32

爲什麼，我總是受不了那些幼稚的孩子們？

美安老師是國中的英文老師，已經有二十年的教職資歷了，卻還是對班級經營感到力不從心。在一次機緣下，我們有機會聊上幾句。

「我帶過幾輪班級，總覺得有些孩子讓我感到特別頭痛。隨著年資加深，照理說，應該要更得心應手才是，但我仍然對孩子們層出不窮的問題無力招架。我想，或許不是孩子難教，是我自己有問題。」

美安老師是個對教學工作十分投入，自我要求極高的人。即使年資漸深，該堅持的也絕不馬虎。從她的一番話裡，我感覺得出來，她亟欲尋求突破。

我請她描述一個在班級中令她頭痛的場景：

「上課時，常會有幾位同學發出怪聲、起鬨、胡亂回應，干擾上課秩序，我總是苦口婆心地勸說。規勸了一個，另一個人又作怪，勸阻了另一個，又有下一個人發作。我忙著一一處理，不時拉高嗓門管秩序，班上同學則好像在看戲，課堂秩序總是一團亂。」

「這些孩子都不壞，出了課堂卻也是大小問題不斷，輔導了半天也沒成效！我實在不懂，都國中了，怎麼還是如此幼稚呢！」

美安老師曾請教過前輩及同儕，她說：「很多老師都熱心提供我一些方法，我覺得不錯，但我還是覺得使不上力呀！」

「是因爲理智線斷了吧！」我笑著說：「人們一旦理智線斷了，就只會用那個最慣常也最無效的方式去因應困境，也就是『走老路』。」

我們的情緒因應模式，都來自成長經驗

我知道有許多老師或家長，面對孩子一再發生的脫序行為，總是用怒吼或責備的方式應對，明知無效卻又無法跳脫，因為那是條「老路」。**他們不是沒有其他選擇，而是在大腦被憤怒情緒挾持時，往往限縮了個人判斷與選擇的空間：「那就走老路吧！」**

而我們的情緒因應模式，又往往與家庭及成長經驗有關。

聊到美安老師的原生家庭，她回憶起母親，是個堅強又充滿韌性的女性。當初嫁給父親是聽從家人安排，本來就心有不甘。怎知，另一半還是一個遊手好閒、嗜賭如命的敗家子，散盡家財，負債累累。全靠母親一人辛苦掙錢，撐起半邊天，幫忙還債，把三個孩子拉拔長大。

美安老師是家裡的老大。母親對孩子的要求嚴格，而她從小就是個循規蹈矩的孩子，乖巧聽話，用心向學，從不需要母親操煩。

「妳對父親的感覺呢？」我問。

「印象中，父親常不在家，偶爾回來，總是帶著濃濃的酒氣。父親對我們蠻好的，出手大方，常會買禮物回來給我們。但我母親說，那是父親爲了籠絡我們的感情才這麼做的。」

「我對父親的印象不深，都是從母親那邊得來的。在母親眼裡，父親就是一個不負責任的人，因此，我對他的印象也沒多好。」

那些你憎惡迴避的，將是你一輩子的功課，除非你正視它

如果你問我，家庭對一個人的影響有多大，我會告訴你，大到不可思議！但一般人卻難以自覺。

我從對話中漸漸理解，美安老師這輩子努力的，就是活出母親期待中的樣貌，她在不知不覺中複製了母親那嚴謹、高度自制與自我要求的性格。另一方面，她同時也努力排拒著另一個樣貌——來自父親那無所事事、不負責任、隨性任性，還會爲別人帶來麻煩的形象。

我問：「如果請妳用一個詞來形容父親，會是什麼？」

「幼稚吧！」她幾乎不假思索地脫口而出。我點點頭：「我注意到，妳提到班上那幾位愛胡鬧的同學，用的也是相同的形容詞『幼稚』。」

美安老師張大了眼，若有所思地說：「啊……好像真是如此……」

幼稚，是一種未能成熟的樣貌。對美安老師而言，父親一直以來就有著不成熟的大人的形象——屢屢捅出亂子，需要身旁的人為他善後、擦屁股。而那個付出最多的人，就是她的母親。

「看起來，妳似乎在那些不知分寸的孩子身上，看到了父親的樣子。」

「我好像有點懂了，為什麼我如此受不了那些孩子，特別是他們表現出幼稚的一面時。」美安老師臉上露出了恍然大悟的神情：「這可是點中了我的死穴呀！」

不論來自成長過程中的觀察，或者母親的言語描述，美安老師不自覺地在心裡否定了父親的人格。**人生中最有趣的事情之一，便是那些你憎惡、迴避與最不願意接受的部分，總會在生活中以各種形式的挑戰反覆出現，就像是你的功課一樣，逼著你得去面對與學習。**

「而妳面對與處理這些孩子的方式，會不會，也有如妳的母親『上身』一般？」

美安老師笑了出來：「哈！坐我對面的一位數學老師，我看他處理學生問題總是老神在在。他一直不懂我怎麼可以忙成這樣？我也不懂，爲什麼他就可以如此沉著穩定呢？」

「是疲於奔命的感覺吧！」我說。美安老師用力地點點頭：「疲於奔命，對！就是這種感覺！」

「這也是妳的母親年輕時，多數時間的感覺。妳認同母親，也不自覺地承接了母親的思維與感受，於是你總是高度自我要求，卻又忙碌不堪。不只在學校裡，在家裡，面對孩子或另一半，也是如此吧？」

她確實覺得自己每天都像上戰場，疲於奔命。

那天，我們還聊了很多，她說：「或許，是該爲自己做點不同的事情了。」我很欣賞美安老師高度自我覺察的意願。一位老師要能做到這樣，眞是不容易。**當我們在教養孩子或教育學生上遇到了瓶頸，正是提醒著我們回頭反思自己的生命經驗，帶著覺知持**

續改變。否則，我們永遠只會在理智線斷裂時，死守著無效的教養方式，同時一再抱怨：「現在的孩子很難教！」

透過原生家庭生活經驗的探索，往往能幫助一個人洞悉那些反覆出現的行爲模式，是如何受到父母或家庭成員互動的影響。

看懂了，就要設法跳脫，而不是迴避，更不是毫無招架地繼續受到家庭複製的擺布。我們要在內心接納這一切，帶著一份尊重去看見它們，也需要真切地知道：「我可以不用重複那些無效的情感或行為模式，我是有選擇的！」

當然，改變的路總是很漫長。**但只要我們願意帶著覺知前行，大人改變了，孩子就改變了！**

心理師的悄悄話

當我們在與孩子互動時遇到了瓶頸，正是提醒著我們回頭反思自己的生命經驗，帶著覺知持續改變。看懂了，就要設法跳脫，而不是迴避或任其擺布。我們要在內心接納這一切，帶著一份尊重去看見它們，並且真切地知道「自己是有其他選擇的」。

33

別再叫我「照顧好自己」了！當照顧者沒心力善待自己時，該怎麼辦？

我是個諮商心理師，也是助人工作者。在助人領域中，我們總會互相提醒要「自我照顧」。這是有其道理的，當你沒能把自己先照顧好，又如何提供案主有品質的服務呢？人是給不出自己身上沒有的東西的。修身、齊家、治國、平天下，先把自己搞定，才能搞定別人。

我在許多演講或文章中，也不斷向有著照顧者身分的人這麼呼籲，像是家長、教師、慢性病患的家屬，或身心健康照護從業者等。

但這個論點本身存在著一個矛盾，就是，如果一個人可以照顧好自己，又何必對自己如此刻薄？問題就出在，光照顧其他人就忙到身心俱疲了，哪來的時間或心力

「對自己好一點」？

但不適時善待自己，卻又無法提供有品質的照顧服務呀！

現實生活中「自我照顧」很難嗎？

「我連睡覺的時間都沒有了，哪還敢想去做自己想做的事情！」一個為新生兒頭痛的母親這麼說。

「如果不是房貸壓力這麼重，我何必打這麼多份工，我也想休息，或者抽空去運動呀！」一個肩負家庭經濟重擔的父親這麼說。

「我連書都讀不完了，怎麼能早點去睡？但沒睡飽，讀書更沒精神！」一個面臨大考的孩子這麼說。

「我連中餐都不一定有時間吃了，哪還想得到其他，總得先把眼前的危機個案都安頓好吧！」一個機構中的心理助人者這麼說。

我曾聽過不少人如此抱怨，而當我為人父之後，這種體會更深，也更能感同身受這份矛盾。

說的也是！我們都知道，睡飽、運動、作息正常、發展嗜好以及人際連結很重要，善待自己才有力量照顧他人。**但眼前的工作已經壓得人喘不過氣來了，哪裡還有多餘的心力去「自我照顧」？但若身心狀態差，照顧品質也不會好，又讓人感到更加無力挫敗！**

這是個雞生蛋、蛋生雞的問題。我曾聽過一個因長期照顧家中慢性病患長輩，而無法獲得喘息的人這麼說：「別再叫我先照顧好自己了！」彷彿「自我照顧」這個提醒，只是個不食人間煙火的空泛口號。

降低標準，保留體力，路才走得遠

儘管如此，我還是認爲「自我照顧」是重要的，善待自己才有心力善待別人。助人者若沒有適當休息或排解壓力，很容易就會陷入專業枯竭的境地。**一個家長若每天睡不飽、心情沮喪，就容易在不經意間透過口語或肢體，傷害到孩子的身心健康。**

如果你無法偶爾放下工作去旅行、逛街、參加成長課程，甚至連抽點空去運動、閱讀、靜坐或品嘗美食都做不到的話，那麼，我們得**改變「自我照顧」的定義。就是，做點簡單的小事，讓自己的身心狀態好一點，而你首要學習的功課，就是降低自我要求的標準。**

很多時候，我們為他人忙到無法關照自己，不是真的沒時間，不是真的沒心力，而是我們有著超高的責任感，對本分有著近乎完美的自我要求。

你會說：「我才沒有！」事實就是有。**高度自我要求的人常會說自己「做得還不夠好」「沒有盡全力」以及「還可以再多做一些」所以，你的標準往往高得驚人。**因此，你最需要的，是降低自我要求的標準——**不求完美，夠好即可。**

簡單而言，如果做到完美是一百分，六十分是及格，就幫自己設定七十分的過關門檻吧！也就是，比及格好一點點，不至於讓自己都看不下去，但也能維持最基本的照顧品質。

當「罪惡感」來敲門時

要能降低自我要求的標準，得先過了「罪惡感」這一關。

當你沒辦法如往昔做得盡善盡美時，藏在心中的罪惡感便會登門拜訪，逼得你回頭把事情做好再休息。**你明知沒有「做好」的一天，但還是屈服了**。**罪惡感的應對之道，便是透過自我肯定來見證自己的美好**。請大方地欣賞自己的努力、付出與堅持，同時，看見你照顧的對象因爲你的服務與協助，有些小小的進展，或至少沒有更糟（或沒有糟得更快）。於是，你便能微笑地看著罪惡感說：「不送，慢走！」

借衆人的力量大過獨自苦撐

再來，沒時間善待自己的人，通常不太懂得把責任分出去，甚至搶著獨力完成任務，不允許別人插手。你需要學習將部分的責任交由其他人承擔，而非只有你一肩扛起。**當只有你獨自付出時，其他人自然袖手旁觀，你只會負荷更重，一旦出問題，大家也會把矛頭指向你，你只能無語問蒼天了！**

別不好意思開口請人協助，也請修正那「捨我其誰」或「非我不可」的自戀心態，你需要讓系統中其他人也有點事情做。**直接指派任務、請求適當的人協助適當的工作、和其他人輪值，甚至讓更多外部資源進入系統，都是可行的做法。**

每當我在「對付」我女兒而瀕臨崩潰時，我太太就會很快過來接手；而當我太太的耐心快被孩子磨光時，我就會抱過女兒，請太太一邊休息去。**「知道有人會支援」本身就是一種力量，讓人穩定，讓人安心。**

別太在意做不到「自我照顧」，就是自我照顧了

最後一個降低自我要求的途徑，就是別太在意做不到「自我照顧」。

放過自己吧！雖然一直沒有好好照顧自己，你還不是這樣撐過來了。**如果你豎起了一個要「照顧好自己」的標準，但又始終做不到，你只會感到更加心力交瘁，罪惡感又要**

跑出來敲你的心門了。

我們都知道，過大的壓力會傷害身心健康。但是，真正影響壓力如何作用在我們身心健康上的，往往不是壓力本身，而是我們對壓力的看法。**當你覺得壓力對人有致命的影響時，壓力對一個人身心傷害的風險便會提高。**

同樣的，**當你為了做不到「自我照顧」而憂心忡忡的話，「自我照顧」這項一直尚待完成的任務，便可能成了壓垮駱駝的最後一根稻草。**

老實說，看著自己沒能好好善待自己，卻能夠這樣一天又一天地撐過來，就很值得讚嘆自己的努力了。而這過程本身就很療癒，或許也是一種另類的自我照顧吧！

心理師的悄悄話

改變「自我照顧」的定義，做點簡單的小事讓自己的身心狀態好一點，首先便是降低自我要求的標準，包括做到及格就好、肯定自己的付出、向外求援，以及，別太在意無法自我照顧。

34

就是那臨門一腳！情緒暴走正在摧毀你苦心經營的家庭關係嗎？

你是兩個孩子的父親，現在是晚上八點多，你又加班了。

拖著疲憊的身軀回到家裡，一進門，看見孩子正躺在沙發上，目不轉睛地盯著電視。你向孩子打了聲招呼，問他吃飯了沒？澡洗了嗎？功課做了嗎？

孩子發出「嗯」的一聲回應。你皺起眉頭：「『嗯』是有還是沒有？爸爸在跟你說話呢！」你的聲量提高了一些。孩子繼續盯著電視，心不在焉。

「有啦、有啦！等一下就會去了啦！」

一陣無名怒火從胸中燃起，胃腸攪動，你扯開嗓門，大聲怒吼：「有就有，沒有就沒有。跟你講話也不好好講，只顧著看電視，到底有沒有把你爸放在眼裡呀！」

「還有，都八點多了，一直看電視，還不趕快去念書！每天都這樣，愛玩打混，功課一塌糊塗，到底怎麼搞的……」你繼續噴火。

啪的一聲，孩子放下電視遙控器，走進房裡，關起房門。

你愣住了！回想方才與孩子互動的片刻，你知道你的情緒失控，口出惡言、辱罵孩子，你有些後悔，罪惡感慢慢浮現：「我怎麼就是控制不住自己的脾氣呢？」

最近，你正努力學習當個「不對孩子怒吼的父母」。

被傷得最深的，往往是我們最愛的家人

這是每個努力自我成長，亟欲改善親子關係的家長常會遇到的。不是你控制不住自己的脾氣，事實上你已經夠努力了。

只是，**當我們的身心狀態處於瀕臨失控的邊緣時，常會因為一點點微小的刺激，就使情緒大暴走**。也就是，我們的現狀與情緒失控之間，常常就只差臨門一腳的距離，但我們不一定能察覺得到。**而那些微小的刺激，往往來自最親近的人的某些行為、話語或**

態度，輕輕一戳，火山就噴發了。

許多父親在外溫文儒雅、親切近人，回到家裡，與孩子說不到兩句話便怒火中燒，露出魔鬼般的猙獰面貌，自己照鏡子都會嚇到；有些母親，面對孩子不聽話、鬧脾氣還可以耐得住性子，但另一半在一旁碎念時，就要暴走了。

於是，情緒失控最常發生在家庭中，伴侶之間、親子之間，以及與長輩互動時。然而，是什麼讓我們不自覺地時常處在情緒失控的邊緣呢？

日常生活壓力把人推往情緒失控的一端

大多數人都帶著平穩的身心狀態開啓一天的活動，但**日常生活中的零碎瑣事——忙不完的工作行程、無趣又耗力的人際互動、總是覺得時間不夠用、失序的突發狀況等，正慢慢把一個人推到情緒失控的邊緣**。

只是，你知道你還沒有失控，一切都在自己掌握中，還承受得住。

不只這些！**還有一些需要長期面對又無法立刻解決的生活壓力**，像是婚姻危機、親子衝突、家人身體病痛、經濟困難……等，還有對生活環境中的汙染、交通、治安、政治等亂象的擔憂與不滿，惱人的問題層層堆疊，也把我們持續推向情緒失控的那一端。

對！你覺得還可以承受，直到有人使出臨門一腳，「碰」地一聲射門成功，我們失控了！而那通常是你忙了一整天，身心俱疲地回到家裡，與家人互動時會發生的狀況。

成長經驗讓人不自主地用慣性模式來應對憤怒

另一個情緒暴走的來源，是我們的成長經驗。

回想在原生家庭中與父母及手足的互動，當你遭遇挫敗或生氣時，是否習慣透過怒吼叱喝的激烈途徑來表達情緒，並能收到一些效果？或者，**家中的長輩是否常在不順心或孩子不聽話時，高聲辱罵甚至暴力相向，而你不知不覺學習到了這樣的情緒應對模式**？

面對家人，我們總有著矛盾的情感。當一整天心神耗盡時，便可能把滿肚子的委屈、苦悶，以及壓抑已久的憤怒，全都倒在家人身上。於是，我們總是傷害著我們最愛的人，卻又後悔不已。

你自許成爲情緒穩定的家長，一旦破功，便可能自暴自棄地告訴自己：「情緒控管根本沒有用，我做不到！」於是更放任自己高漲的情緒橫流。另一種可能是，情緒失控過後，內心升起一股自責與懊惱：「我怎麼就是做不到？」這又成了新的壓力源，讓你持續處在情緒失控的邊緣。

停下來，選擇走一條不同的路

一旦知道自己有這樣的問題，就要學習去辨認，反覆發生在自己及家人身上的情緒失控模式，並在當下採取不同的因應方式。

辨認自己身心狀態的最好途徑，就是透過覺察自己的生理反應，包括呼吸、心跳、肌肉、體溫以及本體的感受等*。你會知道，即將失控時，身體上的感覺和平穩寧靜時是不一樣的。練習讓身體成爲提醒你身心狀態的訊號源，感受到它們，並且聽見它們傳遞出來的聲音。

再來，就是改變慣性，亦即，做點不同的事情，選擇走一條不同的路，去阻斷這一系列自動化的情緒反應模式。例如，你明知道每天回到家，看到孩子看電視或滑手機就會上演怒吼的戲碼。那麼，你可以選擇進家門後直接去洗澡，或者做點能讓自己放鬆心情的事情，再回頭與孩子互動。**將既有的程序調整一下，或許就能避免再一次情緒失控的災難了。**

神隊友及時補位，扮演情緒救援的角色

最後，承認吧！你很難不暴走。面對家庭問題，打團體戰才是上策。當另一半已經面紅耳赤、額頭爆青筋時，你是否閒在一旁看好戲呢？

當你發現另一半在處理孩子的問題就快要情緒失控了，請溫柔地過去帶他到一旁休息，由你來接著處理；而當你發現自己快要崩潰時，也請立刻退出與孩子的互動，讓另一半接手。

這就是互相補位的概念。

雙親要成為彼此的神隊友，指責與糾正是最不需要的。取而代之的，是溫暖的關懷，以及充滿愛的眼神交流。

＊關於如何透過身體感覺覺察情緒反應，請參閱我的另一本著作《此人進廠維修中：讓心靈放個小假，安頓複雜的心靈》（二〇一六，究竟出版）

心理師的悄悄話

我們要學習去辨認出，反覆發生在自己及家人身上的情緒失控模式，並在當下採取不同的因應方式。辨認自己身心狀態的最好途徑，就是透過覺察自己的生理反應，包括呼吸、心跳、肌肉、體溫以及本體的感受等，聽見它們傳遞出來的聲音。接著，有意識地改變慣性，做點不同的事，選擇走一條不同的路。

35

在覺察中反思，情緒總在提醒我們一些事

從前在學校服務時，同事間總是互相打趣說，上輩子肯定太調皮，這輩子才會來當老師修練，每天暴怒個兩三回是家常便飯。而當了父母後，才發現隨時隨地都可能理智斷線。

誰不想當個優雅的老師？誰不想成為和藹的父母？但是，誰又能在面對講不聽的孩子時，保有完整的理智？

我們都知道，大人的暴怒不僅無法處理好孩子的問題，甚至還會造成孩子的心理創傷。但越是要自己不生氣，越會陷入生氣與自責的無限循環中：「生氣↓自責↓更生氣↓更自責……」沒完沒了。

想打破這個循環，唯一的途徑只有加強覺察，讓覺察為自動化的情緒與行為反應爭取緩衝的空間。甚至，調整面對困難情境時反應的方式——從對孩子惡言相向，轉而能夠有效表達。

口不擇言，但我就是控制不住呀！

前陣子，有位母親在父母成長班中分享，每當孩子使用手機的時間到了，要求孩子收起手機時，孩子總會一拖再拖：「再一下就好了啦！」幾回合之後，她便不耐地叱喝：

「到底要講幾次才聽得懂！怎麼這麼不懂事呢？都這麼大了，難道不能自動一點嗎？眞不知道該拿你怎麼辦才好！」

孩子嘟著嘴回應：「好啦！不玩就不玩啦！幹嘛那麼凶？」

「我凶你哪裡不對了？我是你媽耶，你這是什麼態度？」

「好啦！我不玩就是了呀！這不是收起來了嗎？」

「這麼不甘願喔！你以爲我很喜歡三催四請嗎？我每天累得半死，結果你也不成熟一點，一定要惹我生氣才行……」

這樣的對話戲碼經常上演，令她疲憊不堪。她的分享令在場的家長深感共鳴，頻頻點頭。她接著說：「不過，我覺得很後悔呀！對孩子大吼大叫根本不能解決問題。我覺得自己像個瘋婆子，但就是控制不住呀！」

向內探尋，找出勾動情緒的眞正來源

「當時，你有哪些情緒感受？」我進一步請她用情緒形容詞描述出來：生氣、煩悶、焦躁、無力、委屈……等。

「哪一個是感受最強烈的情緒？」

「嗯……是無力吧！」她想了想，接著說。

「是什麼讓你感到無力呢？」

「孩子怎麼說都說不聽！」

「還有呢？」

她邊思索，邊說出各種引發情緒反應的可能來源：

「我覺得我不是個有效能的媽媽。」

「我很擔心孩子會沉迷網路。」

「我對孩子的事情越來越無能爲力了。」

「我還有好多事要忙，我覺得好累。」

「爲什麼我老公都不幫忙，就我一個人孤軍奮戰？」

說到這裡，她停住了，淚水流了下來。

「這份無力的情緒，好像正在告訴妳一些事情呢！」我同理地說：「會不會，一直以來，你對孩子的力不從心是因始終沒有感受到另一半的支持。所以當對孩子勃然大怒時，你眞正生氣的，其實是老公的態度。」

她點點頭：「沒錯！我老公總是在一旁不聞不問，這點最令我火大！」

孩子不遵守手機使用時間的規範，引起母親的怒火中燒，但她心裡頭長期悶燒著的是另一半冷漠的態度，卻把這份無力感化做憤怒，爆發在孩子身上。孩子的問題非但沒處理好，更破壞了親子關係，心中則繼續累積更多對另一半的怨念。

聽懂情緒對你說的話

事實上，所有的情緒都是有功能的，情緒的存在就是要提醒我們一些事情，就看我們是否聽懂了。我問：「那麼，這個情緒要提醒妳的是什麼呢？」

「我想，我得找我老公好好談談！」她笑著說。現場響起了一陣會心的笑聲，似乎身有同感。

日常生活中能引發我們情緒反應的情境非常多，這些情緒反應的背後，其實藏著更深的不滿或痛苦。像是，在關係中感到不平衡、未能得到尊重、主導權被侵犯、感受不到愛、缺乏歸屬感、期待落空、失去信心，或者，對身心失去掌控……等。

總之，舉凡想要的得不到、痛苦的甩不掉、得到的怕失去，這些狀態都會引發我們的情緒困擾，與當下發生的情境不一定有直接關連。如果我們未經覺察，很容易就把力氣放在錯誤的地方——要不是怪罪別人，不然就是自我責備——為心情不好找個罪魁禍首很簡單，這樣一來，我們就不需要再耗神釐清問題了。只是，問題依然沒解決，並且又製造出其他麻煩，令我們繼續活在痛苦之中。

透過自我對話覺察與反思

所謂覺察，就是「明確地知道自己怎麼了。」因此，在進行自我覺察時，我們通常會透過一系列的自我對話練習來增進覺察，而關於情緒的覺察，可以對自己提出以下五個問題：

1. 發生了什麼事？（對引發情緒的情境做客觀的事實描述）
2. 這件事引發了我哪些情緒感受？（用情緒形容詞說出自己的情緒感受）
3. 最強烈的情緒感受是那一個？（辨識出強度最大的情緒感受）
4. 最強的這份情緒感受是怎麼來的？（找出引發情緒感受的可能來源）
5. 這份情緒感受要提醒我什麼？（把力氣用在眞正關鍵的地方）

如此自我對話的過程，就是在進行「反思」——反觀自身，思考自己情緒的來源。若繼續往內探究，還會發現與原生家庭的生活經驗或過往的某些重大事件息息相關。**進而，我們得以理解情緒的意義與功能，確認是否把力氣用在對的地方，還可以做些什麼幫助自己面對當前的處境？**

不加批判地允許情緒發生

覺察與反思，是爲了中斷那些慣性的行爲模式，當下一次面對類似情境時，能用更有效的方式應對。**但在這之前，還有一項重要的功夫，便是「允許」——允許自己可以情緒失控，允許自己可以無能為力，或者，允許自己就是搞砸了。**

允許並不表示我們認同這麼做是對的，而是，**既然情緒反應已經無可避免地發生了，自責也沒有用，那麼就如實地承認它的存在，不加批評。**同時，我們也清楚知道，自己正在一次又一次的情緒經驗中，透過覺察與反思，增加情緒調控的能力，並能夠更有效地應對類似的情境。

因此，每一次的情緒失控都是你學習與成長的機會，因爲，發生在你我身上的情緒感受——特別是那些反覆出現的，總是在提醒我們一些事情，當你聽得懂，就學到了，於是你提升了，你成長了！

心理師的悄悄話

舉凡想要的得不到、痛苦的甩不掉、得到的怕失去，這些狀態都會引發我們的情緒困擾，與當下發生的情境不一定有直接關連。如果我們未經覺察，很容易就把力氣放在錯誤的地方—要不是怪罪別人，不然就是自我責備。這樣一來，我們就不需要再耗神釐清問題了。只是，問題依然沒解決。

36

用指責表達關愛，其實是無力消化自己的焦慮

之前曾碰到一個國中生向我抱怨：「我爸媽很愛管我，什麼都要管！」

我問，他們怎麼管法？

「就是一直念、一直念。做得好也念，做不好也念。好像在他們眼中，我一無是處。跟他們相處，實在很痛苦！」

「那你怎麼辦呢？」我問。

「能怎麼辦？聽到他們的聲音我就一肚子火。每次要他們別再念了，他們就會說：『我是在關心你呀！』」

有一次，一對夫婦來找我談孩子的事情。太太正在描述時，先生便插嘴：「唉呀！不是這樣子啦！」

「你等我講完好不好！」太太說。

「可是，事情就不是這樣子。妳這樣子講老師會誤會啦！」先生的口氣有些急躁。

「你很急耶！口氣為什麼要這麼凶？」太太皺起眉頭回道。

太太轉過頭看著我說：「我真的快被我老公煩死了！一個男人怎麼這麼愛管東管西、碎碎念，脾氣不好、口氣又差……難怪孩子也不喜歡接近他。」

顯然，這樣的現象已經不是第一次出現了。這時，先生立刻回應：「妳怎麼老是嫌我凶呢？我這是關心妳呀！」先生又再強調一次：「關心妳才會說妳嘛！」

我打斷他們，對著先生說：「所以，你好像是用指責來表達對家人的關愛囉？」

我是在關心你呀！

你我的身旁，不乏這樣的人——管東管西、碎碎念，似乎看什麼都不順眼，沒事就愛叨念個幾句，口氣還不是很好。你嫌他煩，他會說：「我是在關心你！」聽到這一句，你似乎也沒有反駁的理由，更沒立場要他閉上嘴，別管太多。

因為，他是為你好呀！

有些人常用指責來表達關愛，那通常是你身邊與你互動密切的人，常見的是父母、子女、伴侶、手足，或者親密好友。他們確實很關心你，對你表達的也不是沒道理，但講出來的話總是不悅耳，常令人感覺到被批評、被否定，甚至覺得自己很蠢。

他們習慣站在一個較高的位置上，去管控或指揮別人的一言一行，總有些「好爲人師」的個性。不過，就算是指導，也不需要如此急躁不安，口氣好些總可以吧？

很難！因爲，當他們表達關愛的同時，內心常有著不合理的焦慮，當這些焦慮沒有被適當消化，便容易轉爲透過指責去表達。

對失序人生的焦慮

他們焦慮些什麼呢？

表面上，是擔憂旁人的言行舉止是否合宜，擔心他人這麼做是否妥當，會不會受到傷害，也就是他們常掛在嘴邊的：「這是爲你好！」——他們確實對親人有著關愛。

更深層地，他們的內心本就對事情的失序與無法掌控有著焦慮。**當一件事的發展沒有照著自己內心的期待與秩序走時，他們便會焦慮起來**。**因為對他們而言，凡事遵照著既定的計畫、想像中的排程進行——是很重要的**。

他們難以忍受混亂、失序以及不符預期的狀態。

這樣的人格特質時常與原生家庭生活經驗或童年時期的遭遇，有著密不可分的關連——也許曾經發生了一些事，失序人生的焦慮促使他們更加積極掌控生活中的任何細節，若對生存或適應有幫助，就會被保留下來。

人際界限模糊，把他人的事情當做自己的事情

更麻煩的是，他們對自己的事情嚴加控管就算了，也要求別人比照辦理。**當一個人分不清楚什麼是「自己的事」，什麼是「別人的事」時，要不是要求別人為自己的事負責，不然就是過度干涉別人的事；**而容易用指責表達關愛的人，常是後者。所以，「管太多」常是他身旁的人對他的描述。

而越是關係密切的人，本來就很難明確區分彼此的事。例如，夫妻生活需要共同操持家務，父母對子女負有教養的責任，家人之間的互動相處要劃分出清楚的界限，有時候頗爲困難。**當界限越模糊，這些過度擔心失控的人便容易撈過界、管很大，因為他們認為：「我的事是我的事，你的事也是我的事。」**

他們認爲，他們只是表達關心，其實很多時候是過度干涉。因爲無法控制別人的言行，爲了因應失控引發的焦慮，便透過龐大的憤怒或焦躁情緒表達出來，說出來的話語通常不討喜。

而事實上，這樣的待人模式常會讓身旁的親人接收到兩份同時存在，但又矛盾的

訊息——**被否定但又被關愛，總會感覺到「他是關心我的，所以我很重要」以及「他一直批評我，所以我一無是處」兩個狀態，互相衝撞**。受到批評或指責的人自然會想反擊或逃離，但又因爲感受到關愛，內心同時升起自責或內疚。

因此，「用指責表達關愛」的人際互動方式，不但無法達到任何溝通效果，更會讓身旁的人痛苦不堪。**若放在孩子的教養上，孩子通常無法發展出穩固與正向的自我價值，活在自我懷疑中；若放在伴侶互動上，則會埋下感情破裂的未爆彈**。

如何面對常用指責表達關愛的人？

如果你的身旁就有這號人物，**你得體認到，改變別人並不容易**。特別是，**若這樣的溝通模式來自於童年或原生家庭的成長經驗時**。

如果你還願意和這個人相處，或者暫時也離不開，我只能請你多體會對方的善意，因爲，他確實是關心你的。也就是，**選擇只保留愛的成分，指責與批評就讓它隨風而逝吧！**

當然，你也需要適當表達。**請明確地告訴對方，同樣是關愛，你希望對方怎麼表達，你比較能接受。**而不是一味地嫌棄對方說話口氣不好，但又不告訴他怎麼做比較好。**當對方做出你期待中的表現——以溫柔友善的方式表達關愛，請立刻回饋對方：「我感受到你是關愛我的，我喜歡你這麼說。」**

若你正是常用指責表達關愛的人……

如果你就是個常用指責表達關愛的人，你得體認到，你身旁的人可能很痛苦，而你傳遞的關愛正大打折扣。

下次，當你又忍不住想指導周遭的人時，請先在內心裡喊「停」。試著回答自己兩個問題：

「這件事是我的事嗎？我一定得干涉嗎？」

「引發我擔心的是什麼？是對方，還是我自己？」

如果一定得干涉，不說什麼不行的話，也**請等個五秒鐘（十秒鐘更好），再用和

緩、穩定與溫柔的語調，說出你對對方的關心或擔心，以及你期待對方改進的地方。因爲，越急著脫口而出的話，往往越不假思索，造成的傷害也越大。

「愛」是人世間最美好的力量，但若摻雜著焦慮、不安或恐懼等成分在內，往往就變了調。當焦慮被妥善安頓時，愛的力量便能獲得充分彰顯。

心理師的悄悄話

當你又忍不住想指導周遭的人時，請先在內心裡喊「停」。回答自己兩個問題：「這件事是我的事嗎？我一定得干涉嗎？」「引發我擔心的是什麼？是對方，還是我自己？」明確區分自己的事和別人的事。

結語

因爲不習慣，所以需要刻意練習

隨著時代演進與心理學知識的蓬勃發展，上個世代看似好用或合理的管教方式，在這個世代已逐漸被淘汰，取而代之的是新的觀念與新的策略。

比起上個世代，這個世代的父母有著更多的焦慮與挑戰；因爲長輩過去的那一套行不通，但新的方法還有待學習。難怪有許多家長大嘆「今非昔比」或「現代父母難爲」。

然而，因應時代的不同，我們的思維不能總停留在過去，身爲陪伴孩子成長的照顧者，永遠需要有著不斷自我提升的覺悟。讀過這本書，希望能讓你對於「陪伴」這件事，有些新的體會與學習。

在這本書中談到各種「有品質的陪伴」的觀念與技巧，近年來我也多在演講及工作坊中反覆提及。我會在課程中實際示範如何展現這些技巧，像是同理心、正向聚焦、探問與引導等技巧，以及各種自我照顧的方法，也會給學員演練的機會。

有趣的是，我觀察某些學員回去願意嘗試看看，也收到不錯的效果。但卻有部分學員——還蠻大一部分，會把學習留在課堂，一回到現實生活中，什麼都沒有改變，與孩子及家人依然處在惡劣或冷漠疏離的關係中。

後者不是不用功，他們很勤奮，也很想改變現況。通常也不是第一次參與類似的課程，更可能在很多大師的門下學習過。過去我總是不解，既然期待有所改變，就得付諸行動去嘗試，為什麼會「依然故我」呢？

有一回，我在課堂上示範了一個正向行為支持的回應技巧，也就是找到孩子「做得到」或「有做到」的時刻，立即予以肯定與讚許。這個回應方式的好處是，能讓孩子知道「自己正在做對的事情」，而感受到「自己的努力會受到大人的肯定」，進而願意表現出更多合宜的行為，背後的假設是「每個人的努力都想被看見」。

當我示範了幾個回應語句後，看見在場的家長大多聚精會神地揣摩、思索與抄寫筆記。這時，有位家長舉手，打破沉默。他說：

「陳老師，如果我這樣說話，孩子一定會覺得我很奇怪！」

他的發問引起了其他家長的共鳴，紛紛附和道：

「對呀！孩子一定會覺得我吃錯藥了！」

「用這種方式說話，眞的有點奇怪耶！」

當下，我恍然大悟，爲什麼求知若渴的家長，在學習了心理學實證有效的溝通方式後，回去卻不願意在生活中落實出來？或許不是難度太高，也不是我沒有講明白，而是「不熟悉」。**因為不熟悉，所以不習慣這麼做。特別是，這些溝通方式與平常習慣的說話方式大相徑庭，當然也會質疑這麼做，是否真的有效果。**

確實，這些新的溝通技巧往往是「反直覺」的，也就是，沒事你不會這樣說話。從小到大，你從沒聽過身旁的家人這麼對話過，也從沒人教過你要這麼說。於是，在實際生活裡，慣性總是駕馭著我們的行爲，採用最熟悉的溝通方式與家人或孩子互動——常常沒能帶來效果，甚至有著破壞關係的副作用。

然而，舊有的溝通方式是如此地習慣與熟悉，於是在任何情境中，我們都會不假思索地使用出來。但當關係緊張或衝突一觸即發的當下，那些常講的話毫不猶豫地脫口而出，便在不自覺中傷害對方或彼此的關係，使得關係品質每況愈下，終至不可收拾。

另一方面，當我們採取新的溝通方式，他人的回應也會引發我們懷疑自己是不是說錯了話。

例如，當你第一次用同理心回應孩子的情緒感受時，你對著考試成績不佳的孩子說：「我想，這次沒能考好，你一定感到很挫敗吧！」孩子可能瞪大眼睛看著你，一時說不出話來。也可能，噗哧一聲笑了出來：「爸！你到底在說什麼呀？」

於是你想著：「是我說錯話了嗎？」心裡也可能出現質疑的聲音：「新的回應方式真的有效嗎？」於是，你可能就此打了退堂鼓，放棄使用這些不熟悉的溝通技巧。

然而，**孩子會有這樣的反應，常常也是因為「不習慣」或「不熟悉」造成的**——他從來沒預期你會這麼對他說，當然會覺得很奇怪。

在我的成長的過程中，也沒有人教過我要這麼說話，當我有幸進入助人領域鑽研後，才學習到這些心理學上實證有效的溝通技巧，因而慢慢改變了說話的習慣，這往往需要經年累月的練習。一開始因爲不習慣，總會有些「卡卡的」，也讓身旁的人感覺到「怪怪的」，經過反覆練習後，就沒這個問題了。

於是，我對提出這些疑問的家長說：「越是這樣，越是要刻意地多做出來、多說出來！」

「當你用新的方式進行溝通時，本來就會引發對方有別於以往的反應，不論是愣住了，還是說你很奇怪，都是正常的。**這麼做的目的，就是要透過新的溝通方式去引發對方新的反應，進而打破慣常的溝通循環**。所以，你要給自己時間去練習，逐漸習慣這樣的說話方式，也要給孩子時間去體會，新的溝通方式帶來的感覺是否有別於以往。」

習慣與行爲的改變是漸進的，總會有一段混亂期，**正因為舊的習慣被破壞，新的習慣又尚未完全建立起，感覺「很奇怪」或「不適應」都是正常的**。只要一段時間的反覆練習，便會開始逐漸熟悉，而良性的互動循環就此啓動。

所以，在學習有品質的陪伴的過程中，刻意練習直到自然而然是必要的。

你需要有意識地找機會，去把你在這本書中學到的互動技巧，刻意地用出來——除此之外，別無他法，不斷地練習就對了。

當然，我也鼓勵你與孩子核對，當你說出新的話語，與過去慣常的回應方式相比，哪一個聽起來比較友善、感到比較多力量、覺得比較被理解、感覺比較能接受？接著，再做適當地微調。

在反覆多次後，讓新的習慣成爲身體本能的一部分，自然在任何情境中都能脫口而出，仰賴的就是練習、練習、再練習。**我懇請你，現在就開始練習，從你覺得最容易上手的部分開始，只要每次都做一點點不同的事，你就已經走在改善關係品質的道路上了！**

在本書付梓的當下，我要感謝許多人的協助，包括爲本書撰寫推薦序、推薦文與冠名推薦的各方好友們，以及在實務工作中與我不斷討論並給我許多中肯回饋的師長、前輩與夥伴，更感謝圓神出版社工作團隊的全力支持。最要感謝的，仍是那些曾經與我在心理工作中交會過的大小朋友們，他們願意眞誠地坦露自我，讓讀者能透過這些案例，從中反思、覺察、學習與成長。

最後，我要深深感謝家人的支持，尤其是我的太太，總是願意體諒這個忙碌不堪的另一半。當然，我也努力扮演好神隊友的角色——好的婚姻關係，是孩子一輩子安全感的來源。在此同時，我身爲一位父親的年資也屆滿一年，看著女兒逐漸長大，我深切地期盼，我能把我相信的道理落實在自己的家庭生活中，成爲一位能給孩子「有品質的陪伴」的父親。

我已經開始行動了，你呢？

Eurasian Publishing Group
圓神出版事業機構
用心與你對話．視野無限寬廣
圓神出版社
Eurasian Press

www.booklife.com.tw reader@mail.eurasian.com.tw

圓神文叢 258

擁抱刺蝟孩子：重啓連結、修復情感、給出力量的關鍵陪伴與對話

作　　者／陳志恆
插　　畫／下睫毛
發 行 人／簡志忠
出 版 者／圓神出版社有限公司
地　　址／台北市南京東路四段50號6樓之1
電　　話／（02）2579-6600．2579-8800．2570-3939
傳　　真／（02）2579-0338．2577-3220．2570-3636
總 編 輯／陳秋月
主　　編／吳靜怡
專案企畫／沈蕙婷
責任編輯／吳靜怡
校　　對／吳靜怡．歐玟秀
美術編輯／金益健
行銷企畫／詹怡慧．林雅雯
印務統籌／劉鳳剛．高榮祥
監　　印／高榮祥
排　　版／莊寶鈴
經 銷 商／叩應股份有限公司
郵撥帳號／ 18707239
法律顧問／圓神出版事業機構法律顧問　蕭雄淋律師
印　　刷／國碩印前科技股份有限公司
2019年9月　初版
2024年4月　17刷

定價 320 元　ISBN 978-986-133-697-8

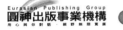

陪伴一個人，若只是一味付出，遲早會被掏空殆盡。身爲大人，總是想給孩子最好的，但孩子卻像一面鏡子，讓我們赤裸裸照見自己，無所遁形。此刻，若我們願意帶著自覺，在僵局中看見自己的困境、承認自己的限制、理解自己的感受，反思自己期待的來源，進而調整自己，我們便在陪伴中也獲得了滋養，再給出的陪伴將更有品質。因爲，眞正健康的關係，是關係中的彼此都能從中成長與獲益。

——《擁抱刺蝟孩子》

國家圖書館出版品預行編目資料

擁抱刺蝟孩子：重啟連結、修復情感、給出力量的關鍵陪伴與對話 / 陳志恆著. -- 初版 -- 臺北市：圓神，2019.09
336 面；14.8×20.8公分 --（圓神文叢；258）

ISBN 978-986-133-697-8（平裝）
1.親職教育 2.親子溝通
528.2 108010987